图解服务的细节

063

すぐ分かる食品クレーム対応ハンドブック

超市投诉现场应对指南

［日］西村宏子　著

余湘萍　译

人民东方出版传媒
People's Oriental Publishing & Media
东方出版社
The Oriental Press

图字：01-2017-8252

SUGU WAKARU SHOKUHIN CLAIM TAIOU HANDBOOK

© HIROKO NISHIMURA 2014

Originally published in Japan in 2014 by THE SHOGYOKAI PUBLISHING CO., LTD.

Simplified Chinese translation rights arranged through TOHAN CORPORATION, TOKYO, and HANHE INTERNATIONAL(HK)CO., LTD.

本书中文简体字版权由北京汉和文化传播有限公司代理

中文简体字版专有权属东方出版社

图书在版编目（CIP）数据

超市投诉现场应对指南／（日）西村宏子 著；余湘萍 译. —北京：东方出版社，2018.2

（服务的细节；063）

ISBN 978-7-5060-9991-2

Ⅰ.①超… Ⅱ.①西… ②余… Ⅲ.①超市—商业服务—指南 Ⅳ.①F717.6-62

中国版本图书馆 CIP 数据核字（2017）第 298691 号

服务的细节 063：超市投诉现场应对指南

（FUWU DE XIJIE 063：CHAOSHI TOUSU XIANCHANG YINGDUI ZHINAN）

作　　者：〔日〕西村宏子

译　　者：余湘萍

责任编辑：崔雁行　高琛倩　郭伟玲

出　　版：东方出版社

发　　行：人民东方出版传媒有限公司

地　　址：北京市东城区东四十条 113 号

邮　　编：100007

印　　刷：三河市金泰源印务有限公司

版　　次：2018 年 2 月第 1 版

印　　次：2018 年 2 月第 1 次印刷

开　　本：880 毫米×1230 毫米　1/32

印　　张：7.5

字　　数：150 千字

书　　号：ISBN 978-7-5060-9991-2

定　　价：60.00 元

发行电话：(010) 85924663　85924644　85924641

前　言

——投诉应对是待客、销售的延伸

阅读本书的诸位，你们善于应对投诉吗？你们喜欢前来投诉的顾客吗？

很少有人能够充满自信地回答"是"吧，大部分人会异口同声地回答"讨厌投诉，害怕投诉的顾客"吧。

虽说如此，即便每天很努力地去接待顾客，投诉还是存在。究竟怎样才能够消除投诉呢？

此外，总是想着"应对投诉太难了，我做不来""投诉的顾客是特例""应对投诉是上司和负责人的工作"，这样真的对吗？如果日常接待顾客的兼职人员也能应对投诉，你们不觉得这样会更受顾客的欢迎吗？

从本质上而言，投诉的顾客也是在诸位的店里购物的顾客，顾客只要对购物感到满意就没问题了，但当我们的工作产生疏漏的时候，他们随时都有可能变成投诉的顾客。

投诉应对是待客、销售的延伸。这样想的话，不论在何时、何地产生投诉都不稀奇。因此，作为销售的延伸，我们应该具备冷静应对投诉的胆量和智慧。

近来，超市里，来自50多岁的男性顾客和30多岁的女性顾客的投诉尤为突出。这两个年龄层的顾客确实增多了，为什么这两个年龄层的投诉尤为突出呢？如果站在进行投诉的顾客的角度去思考，就能解开这个谜题。

另外，有很多公司对恶意投诉者战战兢兢，然而恶意投诉者是每天都能遇到的吗？作为研究投诉的讲师，我接触过很多零售业、服务业的从业人员，比起害怕投诉，每天认真对待提出各种意见的顾客，更有利于提升服务品质（对待恶意投诉者，比起在公司内部解决，有时找律师商量能更快解决问题）。

如果在店里工作的诸位把投诉应对看成销售的延伸，就能更轻松地对待它。因此，在本书中，我设想了每个月容易产生的投诉，并整理了应对的范例。在同一个案例中，大家可以像 role-playing（角色扮演）那样分配角色，分别扮演顾客和工作人员进行练习。希望大家在阅读的基础上，务必通过角色扮演来增加应对投诉的经验。

目　录

第 1 部

投诉应对知识篇

了解顾客的心理，掌握基本的应对技巧

1 顾客生气，是因为食品已经进了肠胃，后悔也来不及了
——急剧增多的超市投诉 ………………… **003**

① 今天超市里也有一大堆的投诉! ………… 003

② 投诉是商店有人气的标志，投诉表明顾客在意 … 007

③ 与其害怕投诉者，不如每天认真去对待

顾客的牢骚 ………………………… 007

④ 恶意投诉者不会成为回头客………………… 008

2 顾客的投诉心理以及最佳应对方式 ·············· **010**

① 根据顾客的年龄决定投诉应对方式 ················· 010

② 应对各年龄层投诉的思想准备和具体的

实施要点 ··························· 013

3 投诉应对的关键在于体会顾客的心境 ·········· **015**

① 投诉应对能反映出一个人的人品 ················· 016

② 投诉应对的实践要点 ················· 016

③ 体贴顾客的要点 ··························· 017

4 让投诉升级的错误言语 ··························· **018**

5 待客角色扮演的益处和实施方法 ················· **020**

① 投诉应对的能力可以通过练习来提高 ················· 020

② 比起应对投诉，更重要的是预防投诉 ············· 020

③ 投诉应对也是兼职人员的日常业务 ················· 021

④ 导入投诉应对角色扮演的时机 ··················· 021

⑤ 对待投诉，习惯比学习重要，行动比思考

重要 ··························· 022

⑥ 投诉角色扮演练习 ··························· 023

第 **2** 部

投诉应对实践篇

为随季节增减的投诉做好准备

1 春季多发的投诉 031

3 月

案例 1　因顾客对食品的运送、保管失误而引发的投诉

　　　　"糖米糕（在日本女儿节食用的一种糕点）

　　　　发潮了" 031

案例 2　有关保质期的投诉

　　　　"出售过期商品" 032

案例 3　有关商品标价的投诉

　　　　"买 3 个就可以打折的商品，却没有给折扣"

　　　　 035

案例 4　有关人事调动的投诉

　　　　"应该做好工作的交接" 036

案例 5　有关营业时间的投诉

　　　　"为什么早上 8 点 30 分的时候，不销售

　　　　传单上的商品？" 038

案例6　有关筷子等资源节约方面的投诉

　　　"要询问是否需要筷子"……………………… 039

案例7　对没有给小票的投诉

　　　"为什么不给小票?"………………………… 040

案例8　对店员的服务的投诉

　　　"在广告商品脱销的应对上,服务很差"

　　　…………………………………………… 041

4 月

案例9　对商品的投诉

　　　"炸猪排肉呈红色,有没有炸熟啊?"…… 043

案例10　对购物袋收费的投诉

　　　"购物袋要收费?什么时候开始的?"…… 044

案例11　对将掉在地板上的商品放回货架上的行为的投诉

　　　"把掉在地上的点心放回货架上,真脏"

　　　…………………………………………… 045

案例12　对让顾客久等的投诉

　　　"到底要让我等多久?"………………… 047

案例13　对店员漏放商品的投诉

　　　"明明买了5件商品,却只给了4件"… 048

案例14　有关在赏花时食用的菜肴中漏放筷子的投诉

　　　"我要求放数人份的筷子,却没有放"… 049

案例 15　有关发票的投诉

　　　　　"发票抬头的字太丑了"　………………　050

案例 16　有关停车场服务的投诉

　　　　　"至少要了解自己公司的服务吧"　………　051

5 月

案例 17　黄金周期间多发的投诉

　　　　　"太拥挤了，进停车场花了 1 个多小时"

　　　　　……………………………………　053

案例 18　有关儿童节活动的投诉

　　　　　"孩子排队参加活动，因为没有轮到而大哭"

　　　　　……………………………………　054

案例 19　作为母亲节礼物而购买的鲜花，很快就枯萎了

　　　　　"购买的鲜花当天就谢了"　…………　056

案例 20　母亲节的礼物，夜里 9 点才送达

　　　　　"已经入睡的母亲被送货员吵醒"　………　057

案例 21　有关试饮的投诉

　　　　　"买过的客人就不让试饮了吗?"　…………　058

案例 22　对员工私下闲谈的投诉

　　　　　"店员在聊天，都不打招呼"　…………　060

案例 23　有关传单的投诉

　　　　　"这么小的字，根本看不清"　……………　061

案例 24　有关店铺卫生情况的投诉

　　　　"食品货架上有好多灰尘" ················· 062

2 夏季多发的投诉·· **064**

6 月

案例 25　商品里面有虫子

　　　　"蔬菜里有青虫" ····························· 064

案例 26　有关异物混入的投诉

　　　　"海鲜盖饭的生鱼片中有鱼刺" ··········· 065

案例 27　所购买的商品导致身体不适

　　　　"食用了店里购买的商品，吃坏了肚子"

　　　　······································· 067

案例 28　对店中商品的保存方法的投诉

　　　　"把常温保存的商品放在阳光直射的地方"

　　　　······································· 068

案例 29　有关臭味的投诉

　　　　"有一股像是东西腐烂了的臭味" ········· 069

案例 30　有关工作服的投诉

　　　　"工作服的破损、污渍很明显" ··········· 070

案例 31　对找零方式的投诉

　　　　"零钱四散，不觉得很过分吗？" ········· 072

案例 32　对店员没有笑容的投诉

　　"收银员没有笑容" ……………………… 073

案例 33　有关制造商的问题的投诉

　　"巧克力变色了" …………………………… 074

7 月

案例 34　对挥着汗水烹饪食品的员工的投诉

　　"汗水会流到菜肴里吧?" ……………… 076

案例 35　对漏放保冷剂的投诉

　　"这么热的天居然不放保冷剂" ………… 077

案例 36　关于工作人员的措辞的投诉

　　"对待顾客的措辞很粗鲁" ……………… 078

案例 37　有关找零的投诉

　　"我刚刚明明给的是 1 万日元" ………… 080

案例 38　有关节电、空调等的投诉

　　"店里很热""照明灯底下很热" ………… 081

案例 39　有关中元节的商品受理失误的投诉

　　"礼签上的名字写错了" ………………… 082

案例 40　关于礼签上签名的投诉

　　"礼签上的字很丑" ……………………… 084

案例 41　关于配送的投诉

　　"对方还没有联系我,礼品送到没有啊?"

　　…………………………………………… 085

8 月

案例 42　关于工作人员服装的投诉

　　　　"穿得像是要去海边的房子度假一样"　⋯ 086

案例 43　有关产地直送的商品的投诉

　　　　"商品总也不见送达，送货单你们有没有

　　　　发出去啊?"　⋯⋯⋯⋯⋯⋯⋯⋯⋯⋯ 088

案例 44　被怀疑偷窃的顾客的投诉

　　　　"保安跟踪我"　⋯⋯⋯⋯⋯⋯⋯⋯⋯ 089

案例 45　对训斥孩子的工作人员的投诉

　　　　"为什么孩子必须赔偿打破了的商品?"

　　　　⋯⋯⋯⋯⋯⋯⋯⋯⋯⋯⋯⋯⋯⋯⋯ 090

案例 46　对兼职人员的不当行为的投诉

　　　　"将躺卧在食材上的照片传到了网上"　⋯ 091

案例 47　不按顺序排队的顾客

　　　　"我就买一件商品，有什么关系呢?"　⋯⋯ 093

案例 48　关于分店的投诉

　　　　"前几天我去了你们的○○店，那里的

　　　　服务很差"　⋯⋯⋯⋯⋯⋯⋯⋯⋯⋯⋯ 094

案例 49　在店里吃冰激凌的顾客

　　　　"为什么不能在这里吃冰激凌?"　⋯⋯⋯ 095

案例 50　关于售货员人数的投诉

　　"相对于顾客的数量，售货员的人数太少了"

　　　　·· 096

3 **秋季多发的投诉**·························· **098**

9 月

案例 51　关于包装的投诉

　　"为什么帮前面的顾客装袋，却不帮我装？"

　　　　·· 098

案例 52　对过了保质期的商品的投诉

　　"冷冻食品的保质期已经过了"　·········· 099

案例 53　有关实物与照片不符的投诉

　　"和传单上的照片的差距很大"　·········· 101

案例 54　有关商品脱销的投诉

　　"看了传单才来买的，结果却售完了"　··· 102

案例 55　顾客长时间地发牢骚

　　"前几天由于快递迟迟不来……"　········ 103

案例 56　商品掉落在收银台上

　　"掉下来的商品，你就这么放入购物篮中？"

　　　　·· 105

案例 57　对拥挤不堪的收银处的投诉

　　"收银处人多拥挤的时候，店员的引导不恰当"

　　　　·· 106

案例 58　对店员在工作移交方面的投诉

　　　　"我拜托给你，你就要负起责任去做" ··· 107

10 月

案例 59　对商品的新鲜程度的投诉

　　　　"鱼的颜色不好，是不是不新鲜了？" ······ 109

案例 60　有关商品损坏的投诉

　　　　"蔬菜烂了" ································ 110

案例 61　有关国外产的农产品损坏的投诉

　　　　"中国产的松茸坏了" ····················· 111

案例 62　有关保质期的投诉

　　　　"喝了临近保质期的果汁，导致身体不适"

　　　　　　　　·································· 113

案例 63　关于商品的口感的投诉

　　　　"价格贵却不好吃" ····················· 114

案例 64　对送货上门服务的投诉

　　　　"送货上门的鸡蛋破了" ················· 115

案例 65　与其他公司的服务相比较而产生的投诉

　　　　"别的公司的送货上门服务还包括帮顾客

　　　　装箱，你们呢？" ····················· 117

案例 66　对临近打烊时商品缺货的投诉

　　　　"一人份包装的商品已经没有了？" ········ 118

11 月

案例 67　对店员之间交谈的投诉

　　"收银台的员工在指责顾客"　…………　120

案例 68　打不通厂商电话的投诉

　　"给刊登了致歉报道的厂商打电话，却打不通"

　　…………………………………………　121

案例 69　致电客服中心的顾客

　　"辞掉那位员工"　…………………　123

案例 70　对不能一同寄送的投诉

　　"寄给祖父母的商品里面，不能同时放入

　　孙子的照片?"　…………………………　124

案例 71　有关背景音乐的投诉

　　"不喜欢店里的背景音乐"　……………　125

案例 72　有关便当米饭的投诉

　　"我昨天购买的便当的米饭很硬，没法吃"

　　…………………………………………　127

案例 73　对打烊时间的投诉

　　"下班以后想要顺路去店里，你们打烊太早了"

　　…………………………………………　128

案例 74　在开店前排队的顾客的投诉

　　"开店前在店外排队太冷了"　…………　129

4 冬季多发的投诉 ························· **131**

12 月

案例 75　对缺乏商品知识的店员的投诉

　　　　"至少要能准确地给我指出商品的位置啊"

　　　　　··· 131

案例 76　对商品降价时机的不满

　　　　"之前的这个时间已经开始降价了" ······ 133

案例 77　对电话应对的投诉

　　　　"在电话里推诿，你们是怎么工作的？"

　　　　　··· 134

案例 78　有关订购商品的投诉

　　　　"跟我订购的商品不一样" ················ 135

案例 79　对装袋速度慢的投诉

　　　　"这个收银台的店员动作慢吞吞的" ······ 136

案例 80　关于商品脱销的投诉

　　　　"我听电视上说这个商品对流感有效，

　　　　已经卖光了？" ···························· 138

案例 81　对信用卡手续方面的投诉

　　　　"输错了信息，还需要用卡？这是你们的错吧"

　　　　　··· 139

案例 82　遭遇了顺手牵羊的顾客的投诉

　　　　　"你们店的安保太差了，我的东西被人

　　　　　顺手牵羊拿走了" …………………………… 140

1 月

案例 83　对店员说话声音大小的投诉

　　　　　"声音太小，我听不见" ………………… 141

案例 84　对店员说法不一的投诉

　　　　　"我问了其他店员，这不是有货的吗?"

　　　　　………………………………………………… 143

案例 85　有关食材的不当表示的投诉

　　　　　"年节菜的说明中写的是鲍鱼，但这不是

　　　　　鲍鱼仔吗?" ……………………………… 144

案例 86　对店员递卡方式的投诉

　　　　　"那种递信用卡的方式，算什么啊?" …… 153

案例 87　关于商品焦了的投诉

　　　　　"就没有不焦的商品吗?" ………………… 154

案例 88　关于积分卡的投诉

　　　　　"每天的折扣都不一样，我搞不明白。

　　　　　不能用现金付款吗?" ………………… 156

案例 89　对通话保留的投诉

　　　　　"好几次让我通话保留，究竟要我等到

什么时候?" ···································· 157

案例 90 关于个人信息的投诉

"会员卡我已经解约了，但还是有 DM 寄来"

···································· 158

2 月

案例 91 对搬运过程中产生的商品损伤的投诉

"我买了盒草莓，骑车回家以后，发现

草莓烂了" ························· 160

案例 92 对大雪造成的商品运送延迟的投诉

"这是我每天都要购买的商品，如果没有的话

我很为难" ························· 161

案例 93 对小孩吵闹的投诉

"小孩那么吵，都没人制止" ············· 162

案例 94 对商品混入异物的投诉

"便当里面有塑料碎片" ············· 164

案例 95 关于诺如病毒的投诉

"我的家人在吃了便当后，感染了诺如病毒"

···································· 165

案例 96 对当下流行语的投诉

"请不要使用错误的日语" ············· 170

案例 97 因被推车撞到而产生的投诉

"我被推车撞到，腿受伤了" ············· 171

案例 98　　有关防灾情况的投诉

"我询问店员店里的防灾情况，她答不上来"

　　　　　　·· 172

5　**关于消费税的投诉** ····························· **174**

案例 99　　有关支付消费税的投诉

"其他地方没有征收 8% 的消费税啊" ······ 174

案例 100　　有关消费税增值的投诉

"你们不搞消费税返还的促销活动吗?"

　　　　　　·· 176

案例 101　　有关税额标识的投诉

"分不清是税后还是税前" ················· 177

案例 102　　有关商品分量的投诉

"和以前相比，商品的量变少了" ········ 178

6　**关于食物过敏的投诉** ····························· **180**

案例 103　　有关鱼类过敏的投诉

"吃了炸鱼，晕过去了" ····················· 182

案例 104　　怀疑食物过敏

"孩子吃了冰激凌，身体出现不适" ······ 183

案例 105　　有关水果过敏的投诉

"我吃了桃子以后，变得呼吸困难" ······ 185

案例 106　对过敏标识的疏漏的投诉

　　　　　　"没有过敏标识" ···················· 186

7　恶意投诉和诈骗 ························ **188**

案例 107　在其他顾客面前吵嚷的顾客

　　　　　　"店里所有的商品我都吃过了，都很难吃"

　　　　　　···································· 188

案例 108　喝醉了的顾客

　　　　　　"你看不起人啊。跪下来道歉" ·········· 190

案例 109　应对骚扰店员的行为

　　　　　　"她每天在做什么，我都知道" ·········· 191

案例 110　应对骗取住院费的行为

　　　　　　"我妻子吃了便当之后住院了，你们要支付

　　　　　　住院的费用" ························ 192

投诉案例索引 ······························· 198
后　记 ····································· 208

第 **1** 部

投诉应对 知识篇

了解顾客的心理，
掌握基本的应对技巧

1 顾客生气，是因为食品已经进了肠胃，后悔也来不及了
——急剧增多的超市投诉

在商业设施中产生投诉最多的是超市。超市接待顾客的时间较短，集中在下午到傍晚特定的时间段里。多为金额较小的、零碎的交易，涉及生鲜、有保质期的商品。不论是自助购物还是面对面销售，如果食物导致顾客弄坏肚子，或者引发食物过敏，后悔也来不及了，因此，大多数顾客会格外恼火。

零售业也是顾客光顾频率高的场所，并涉及直接食用的商品，所以顾客对店铺或者从业人员的整洁度、服务会比较挑剔。

① 今天超市里也有一大堆的投诉！

就投诉产生的原因而言，可以将投诉分为对商品的投诉，对工作人员的应对等服务方面的投诉，以及对店铺的系统、设施的投诉。对商品的投诉主要集中在异物混入、商品变质、损坏等方面。

在炎热的夏季，顾客看到开放式厨房里浑身是汗的工作人员在制作食品，就会写"汗水会混进商品里，不干净"这样的投诉信。在副食品中如果混入了头发，顾客就会提出"汇报一下食用头发对人体的影响"这样的要求。

对服务的投诉包括找零错误，工作人员不打招呼、说话不礼貌、不提供纸袋、有优惠抽签活动却忘了给抽签券等方面。对系统的投诉，例如打折、积分卡规则难以理解，指定在中元节或者年末送货，商品却未送达等。

对设施的投诉包括停车场难以进入，停车场位置太远，卖场不好找，空调太热、太冷等。或许有的工作人员会觉得"这又不是我的错"，但是作为店方的代表，应该为给顾客造成的不便致歉。

对导致投诉的原因进行分类，确立防止投诉的检查机制，有利于预防投诉的发生。

表1　投诉原因一览

1. 商品投诉
（1）瑕疵品
① 味道或者气味异常、变质
② 异物混入
③ 调料、调味错误
④ 分量不足、短缺
⑤ 和样品、广告不符

（2）商品特性
① 保质期短、过期
② 需烹饪的食品未熟
③ 搬运过程中出现变形、压坏、破裂、渗漏
④ 原材料、产地有问题
⑤ 商品保存方法、食材保管方法不当
⑥ 变质（商品、容器）
2. 服务投诉
（1）待客
① 没有笑容、盯着顾客看、不理不睬
② 措辞不礼貌
③ 让顾客等待、弄错顺序
④ 递零钱、递卡的方式不当
⑤ 差别对待顾客
⑥ 对顾客的要求不积极应对
⑦ 把顾客误当成小偷
（2）技术或礼仪
① 看上去做得不好吃
② 装盘不美观
③ 收银操作不熟练、搞错金额
④ 工作人员的服装、妆容不整洁
3. 设施、系统的投诉
（1）设施
① 空调不起作用（冷、热）
② 照明昏暗

③ 保洁不到位
④ 店铺位置不好找
⑤ 有害虫
⑥ 有下水道的臭味
（2）系统
① 拥挤时段的疏导工作不到位
② 漏放筷子或吸管，忘记告知顾客
③ 工作人员对付完账之后才拿出积分卡的顾客表现出不满
④ 所购买的商品在限时优惠中半价出售
⑤ 过度包装，或者顾客对包装的要求被忽视
⑥ 因不熟悉信用卡的操作而让顾客等待
（3）配送、订购
① 在指定的配送日期没有到货
② 商品订购速度缓慢
③ 送货上门的商品变形
4. 与顾客之间的分歧
（1）商品印象
① 和以前不同
② 和广告或者样品不符
③ 味道过淡、过重
（2）沟通上的分歧
① 店员弄错联系方式
② 工作交接失误
③ 商品数量错误
④ 礼签错误、礼签的名称错误

② 投诉是商店有人气的标志，投诉表明顾客在意

作为参考，某百货商场的调查表明，产生投诉最少的柜台是男装柜台。这不是因为男装柜台店员的服务特别好，而是因为工作日白天的顾客数量少，相应的投诉也少。

投诉的数量与到店的顾客数量、到店的频率成正比。清闲的店所收到的投诉少，而拥挤的、顾客数量很多的店所收到的投诉会相应增多。另外，对于让顾客的投诉"石沉大海"的店，顾客会觉得投诉是自己吃亏，渐渐地就放弃投诉，转而去其他的店铺了。如今，有很多顾客虽然很忙碌、没有时间，但还是会来投诉，他们大概是在期待"这家店会对投诉做出处理"吧。所以说，会投诉的顾客很难得。

③ 与其害怕投诉者，不如每天认真去对待顾客的牢骚

日本消费者厅修订了制造物责任法等保护消费者权益的法律后，消费者的投诉意识也增强了。越来越多的顾客对一些细小的事情，也会当场指出来。他们对灰尘、保质期、装盘等也会提出"这样不好吧?"的批评意见。

对于投诉，如果一开始的时候处理得不好或者拖沓，可能会延长顾客感到不满的时间，也可能越来越搞不清顾客所期望的解决方案。还出现过店方多次到顾客家中拜访、致歉，写道歉信也没有得到谅解的情况。

④ 恶意投诉者不会成为回头客

此外，也有不讲道理的顾客。在我担任百货商店岁末礼品中心服务台的负责人时，一位 50 多岁的女性对我说"这么难吃的火腿你们都卖？你知道我送别人在你们这买的礼品让我多丢脸吗?"，并将自己购买的礼品火腿的真空包装扔到我身上。一位学生时代曾在垒球部待过的兼职员工，迅速地追了上去想要给她退款，但是这位顾客早已消失在了人群中。我们只好向这份礼品的接收方道歉，并更换了商品，处理了这次投诉。然而，到这一步我们也不清楚这位顾客投诉的目的何在。近来，像这样不知为了什么来投诉，让我们看不清其目的的顾客也增多了。

在某超市，一位投诉收银员服务态度的顾客在电话里称"那个人搞得我每天心情都不好，如果你们不让他辞职，我就在网上曝出你们的店名和他的名字"。像这样在网上公开投诉的例子也见怪不怪了。

我担任投诉应对的讲师 20 年，进行了很多案例研究，发现大部分的店遭遇恶意投诉者的概率每年不会超过 1 次。

另外，至于在店里大闹的顾客还会不会再次光临，其概率也不到 5%。大多数情况下，是店方没有做好基本的工作而导致投诉产生，而真诚的道歉和早期的处理则可以得到顾客的谅解。

那么，什么是恶意投诉者？虽然有诸多说法，从常见的案例中可以看出他们具有以下几个共同点：

- 为了投诉而来投诉。
- 妨碍店铺的营业。
- 给其他客人造成麻烦。
- 脱离正当投诉的常识。
- 侵害工作人员的人权。

2 顾客的投诉心理以及最佳应对方式

① 根据顾客的年龄决定投诉应对方式

某商业设施对过去三年的数据统计显示，投诉顾客的性别和年龄层，女性顾客以 30 多岁的已婚族居多，男性顾客以 50 多岁的工薪阶层居多。

在盛夏的东京都内的一家拉面店里，我曾看见过一位在付账时大声吵闹的 50 多岁的男性顾客。当时正值午餐的高峰时期，冷静的兼职员工郑重地道了歉，但是顾客不能接受，要求由男性店长进行处理。仔细一听，他投诉的理由是"店里有中华冷面为什么不跟我说。如果店员推荐中华冷面我就点它了，我不知道有才吃了拉面。我想要吃的是中华冷面，所以你们要退钱给我"。

不用说，中华冷面在店头、样品、海报、POP（Point Of Purchase，店头陈设）上都有陈列，而且在桌上也放有附带照片的菜单，这位顾客就是在找碴儿！

试想一下，50—60岁的男性，在家庭中被夫人数落成"潮湿的落叶（日语中的俗语，比喻那些以事业为主的工薪一族，没有时间去娱乐就到了退休年龄）"，被女儿嫌弃"不要跟爸爸的衣服放在一起洗"，没有容身之处，在公司面临失业的危机，对退休以后是否有养老金也感到不安。50多岁的男性投诉顾客多为企业的管理人员、医生、律师、顾问等，被人们称作"先生"的社会地位较高的人，或者是从事零售业、服务业的同行业人员。

　　30多岁处于育儿期的已婚女性，也积攒了很多的压力和不满。丈夫工作繁忙，不能分担家务和育儿工作，还有来自PTA（Parent-Teacher Association，家长教师联合会）、孩子的教育、应试等方面的压力。像这样背负着脱离社会的焦虑和诸事不顺心的精神压力的家庭主妇，以及需要兼顾事业和家务、育儿两方面的身心疲惫的职业女性，会容易因食品柜台店员的失误而发火。

　　我在年末的礼品咨询中心，曾看到一位推着婴儿车的30多岁的女性顾客气势汹汹地站在过道上。她怒气冲天地朝着没能很好地答复其咨询问题的兼职员工说道："虽说商品目录上有，但也不是所有的商品都有详细介绍，所以我才要问你啊！你是店里的员工，连这点都不知道吗?"后来女性负责人代替这位兼职人员进行了处理。

　　根据年龄层来分析投诉的顾客，其特征如下：10多岁的顾客家长会投诉；20多岁的顾客会保持沉默，然后不再光顾；30 多岁的顾客会在网上投诉；40 多岁的顾客会告诉熟人；50 多岁的顾客会向负责人投诉；60 多岁的顾客觉得说了也是徒劳，因而放弃投诉。由此可见，30 多岁和 50 多岁的顾客更容易将不满表达出来。

表 2　50 多岁男性顾客、30 多岁女性顾客的投诉实例

50 多岁的男性顾客

寿司	夫妻俩进店，丈夫指着商品说道："你们出售这样的商品不丢人吗？是发生爆炸了吗？"被顾客指出厨师刀工差，很多米饭露在包裹着的紫菜外面很丢人。
副食品	顾客来电称"时令炸蔬菜的味道不对"，重新制作以后送至顾客家中。看到吃到一半的商品连着包装放在客厅的桌子上，想要征得顾客的同意带走，而顾客却不让带走。本打算将商品送去检查，但不想跟顾客产生纠纷就没有带回，这真的是投诉吗？
便当	顾客来电说买了便当回家吃，导致家人身体不适。于是店员带着点心盒，跟上司一起到顾客家中拜访。顾客在电话里怒气冲天，但当我们来到位于郊外的顾客家中时，他却客气地说"你们特地大老远跑来"，还以茶水和点心招待了我们。
礼品	写好礼签、包装好商品交给了顾客，顾客回家以后有点担心，打开一看发现名字写错了，打电话来发了很大的火。等他再次来到店里，我们才发现店员将"吉田"的"吉"字上半部分写成了"土"。顾客说"你居然把吉字搞错了"，怎么都不肯原谅店员。

30 多岁的女性顾客

酒水、饮料	孩子来回奔跑很危险，于是店员直接提醒道"这里不是玩的地方哦，到那边去吧"，结果遭到了其母亲的怒视。

快餐	顾客来电说回家后发现买的饮料没放吸管。店员带着吸管到顾客家中拜访、致歉，获得了原谅。
便当	顾客回家以后发现购买的便当少了一份，傍晚时打电话来投诉。由于有最佳食用期，所以为顾客办理了退货手续，告知顾客款项可以在方便的时候来店领取。
面包	顾客来电称收银员服务态度不好，希望能予以辞退。如果不辞退的话，顾客将在网上公布店名和该员工的姓名。店长接了电话并道了歉，表示会再次教育员工。

② 应对各年龄层投诉的思想准备和具体的实施要点

在应对各年龄层的投诉时必须注意的是，不同年龄层人的价值观有差异，有的希望你热情招待，有的则不希望。

30 多岁的女性顾客不喜欢因投诉而浪费时间，希望在场的工作人员，能负起责任来进行处理。50 多岁的男性则希望店方能够尊重顾客，女性兼职人员应对投诉的能力不足，因此视情况有必要让上司出面，有时甚至要寄道歉信。

此外，60 多岁的顾客很在意生活的充实感，从容有余，但是比较挑剔。因此，要交给在仪容和措辞等方面注重礼仪的员工来应对。40 多岁的顾客对自己的知识很有自信，会从网络上收集信息，所以最好一开始就让有一定商品知识的员工来应对。20 多岁是以自我为中心的年纪，如果自己的意见被否定就会不高兴，因此要让能平等地、温和地对待他们，能让其说出真心话的工作人员来应对。10 多岁的顾客不喜欢年长的工作人员，因此不要把他们当作小孩来对待，要把他们当作顾客来以诚相待。

应对投诉的诀窍是：更换应对的工作人员时不要让顾客数次重复同样的内容；责任人要对顾客的到来和意见表示感谢，要展现真诚地应对投诉的姿态；要以尽快解决问题为目标，弄清顾客的要求，并提出解决方案。

在应对投诉的过程中，对顾客表示理解的一句话（体贴顾客的言辞）能够缓解顾客的不满，反之，责任人不谨慎的一句话（失言）有可能会加剧顾客的不满，甚至发展到不可挽回的地步，所以对说话方式和措辞要尤为注意。

表3　顾客的年龄不同，投诉的方式和应对的方法也不相同

年龄段	投诉的方式	期望的投诉应对
60岁	说了也是徒劳，因而放弃	由礼仪得体的员工应对
50岁	找负责人	由负责人或者领导来应对
40岁	在熟人中宣传	由具备相应的商品知识和业务知识的员工应对
30岁	通过网络	由在场的员工迅速处理
20岁	换家店	站在顾客的立场上，倾听顾客的心声
10岁	家长来电	不把其当作小孩，而是当作顾客来真诚对待

3 投诉应对的关键在于体会顾客的心境

我曾在某百货商店要关门的时候,想买 4 个很流行的甜甜圈,结果只给了我 3 个。第二天,我往该店的主机拨了电话,并说明了情况。电话被转接到该柜台的办公室,一位自称经理的男性接了电话。郑重地向我道了歉,并提出"您好不容易来我们商店购物,结果商品脱销了,而且还漏装了一个,给您带来了很大的麻烦。我们马上将漏装的商品给您寄过去,同时,为表达我们的歉意,奉上您没能买到的另一款不同口味的甜甜圈",这是超出了我所期待的应对结果。最终,我只让他们退还了商品金额。

我在另一家百货商店的食品柜台,点了店内食用的 1 人份菜肴和 2 人份饮料,觉得被多收了钱,原来店方连菜肴也收了 2 人份的钱。我一周后才意识到这件事,于是到该店的信息部门,将小票给一位 50 多岁的男性接待人员看,并说明了情况。他立刻帮我联系了柜台的负责人。不到 10 分钟的时间,负责人飞奔而至,更换了小票,退还了 1 人份的餐费。

① 投诉应对能反映出一个人的人品

以上都是在百货商店里实际发生的例子，店方迅速满足了我的退款要求，跑去投诉的我别说是抱怨了，没有感到丝毫的不快，甚至对他们的处理表示感谢。

向惯于处理投诉的负责人直接投诉，事情解决得如此漂亮。

投诉应对能反映出应对者的人品和经验。同时，不难看出擅于处理投诉的工作人员，都会按照下面的几个"投诉应对的实践要点"来解决问题。

② 投诉应对的实践要点

- 对顾客的提议表示感谢，考虑顾客的心情。
- 对顾客的光临表示感谢，对给其带来的不便表示歉意。
- 充分听取顾客所言，对事实进行核查（核实收据和现货）。
- 询问顾客的要求。
- 迅速应对。尽快告知负责人（责任人），全体人员一起考虑对策。
- 工作交接的时候，要准确地转达顾客的意见和自己说过的话语。

③ 体贴顾客的要点

- 真诚地致歉。
- 做好自报姓名、负起责任接受并处理的思想准备。
- 提出后续的处理方案。
- 即使顾客不讲道理也不辩解。

体贴顾客的措辞范例

- 道歉

"让您久等了，非常抱歉"。

"给您带来了不愉快，我深表歉意"。

"给您造成了不便，我深表歉意"。

- 交接

"我马上给您去找负责人"。

"我立刻和总部联系为您处理"。

"为了避免今后发生类似的事情，我们会在全体员工中贯彻预防措施"。

4 让投诉升级的错误言语

　　投诉应对也是重要的谈判交涉。顾客和店方都在寻求解决问题的和解方案，店方负责人的一句话也有可能招致客人的反感，让问题复杂化。

　　对于已经发生的投诉，进行反驳也无济于事。另外，怀疑顾客的言行和命令的口吻等都是禁忌。

　　这是发生在某家立食荞麦面店里的实例。在每天都光临的常客中，有一位50多岁的上班族，抱怨道"今天的面不够热乎啊""今天的葱放少了啊"。一般情况下老练的兼职员工会熟练地应对道"非常抱歉，马上为您重新做一份"。一次偶然的机会，由一位20多岁的心直口快的男性新员工来应对。他不经意间对那位顾客说"这么不满意的话，您不来不就行了吗？"结果激怒了这位顾客，导致其再也不光临该店，而这位兼职人员也被调去分店工作。请铭记：看似理直气壮的一句话也有可能激怒顾客。

　　此外，以下语言也要禁用。

- 推卸责任　"现在能处理的人不在。""请找总公司。"
- 反驳　　　"只有您一个人这么说。""退款总行了吧。"
- 逃避责任　"我休假了。""我是兼职的。"
- 怀疑　　　"是在我们店里买的商品吗?""不会是您搞错了吧?"
- 命令的语气（电话中）

　　　　　"我们给您退款,将商品和小票带到店里来。"

　　　　　"按照我们公司的规定来处理。"

5　待客角色扮演的益处和实施方法

① 投诉应对的能力可以通过练习来提高

我想大部分的员工都讨厌、害怕投诉，但如果处理的投诉多了，积累了一定的经验以后，就会习惯于应对投诉，也就不再恐惧了。在处理投诉的时候，关键是要发挥你的想象力，想象一下顾客生气的内容、原因，以及顾客的心情。

为此，行之有效的就是"角色扮演"这一训练方法。角色扮演也可以称作分角色演绎法，让员工分别扮演投诉的顾客和应对投诉的工作人员，再现真实的处理投诉的场景。实施这一训练法，可以让员工掌握应对投诉的技巧。

扮演顾客，对理解顾客的投诉心理有一定的启发作用。扮演工作人员，则可以练习投诉应对的措辞。

② 比起应对投诉，更重要的是预防投诉

我们可以根据原因，对店铺中产生的投诉进行分类。对

于容易出现的投诉案例，可以在早会或者 OJT（On the Job Training，在职训练）上，通过角色扮演来进行训练。这样一来，在顾客投诉的时候就能够冷静地应对了。

待客角色扮演有以下五个要点：
- 在投诉发生以前进行预防。
- 列举日常工作中注意到的问题。
- 从过往的投诉案例中学习。
- 顾客角色、工作人员角色、剧本，是三大基础。
- 表扬比挑错重要。

③ 投诉应对也是兼职人员的日常业务

在投诉发生的时候，负责人如果能第一时间赶来处理，这样的店就没有问题。负责人时常不在店内，或者兼职人员较多的店，如果兼职人员能够立刻进行应对并予以解决的话，顾客也会省去不少的麻烦。

我们应把投诉应对看作待客、销售的延伸，培训尽可能多的员工，让他们学会当场应对投诉的技巧。

④ 导入投诉应对角色扮演的时机

实施投诉应对的角色扮演，有以下 5 个有效的时机。在初春、6—8 月中元节、年末商战等繁忙的时期到来之前，为了能够尽量减少失误，要设想容易发生投诉的场景来进行应对练习。此外，在空闲的时候，以及新员工被分配来的时候，由于新员工容易发生失误，也需要员工通过角色扮演来掌握知识。

导入投诉应对角色扮演的时机

- 在店里发生投诉的时候。
- 在年末、年初等繁忙时节来临之际，要强化服务的时候。
- 在闲散期、时间空余的时候。
- 新的兼职人员被分配来的时候。
- 早会的时候。

⑤ 对待投诉，习惯比学习重要，行动比思考重要

以下是角色扮演所需的准备事项。如果在空闲期，想花少量时间进行即兴练习的话，具备以下的 c 和 d 就可以实施了，只要有两个以上的人员参加就够了。

当场就能轻松实现的角色扮演的导入方法

a. 从卖场实际发生过的投诉案例中，选择想要进行应对练习的案例。

b. 制作角色扮演的计划书（实施日期和时间、参加人员、目的、案例、日程、想要尝试的应对用语等）。

c. 备好若干模式的顾客投诉剧本。

d. 备好代替商品的空盒子、空器皿、购物袋、塑料袋等。

e. 备好模拟纸币和收银托盘。

f. 备好秒表等计时的钟表。

g. 利用早会和空闲的时间，首先向员工展示错误示例和正确范例，然后让参加者两人一组进行练习（一个案例5至10分钟）。

h. 如果有完成得较好的组，让其作为代表，在大家面前进行展示。

i. 听取参加者的感想，通过口头或者问卷的形式确认大家的理解程度。

⑥ 投诉角色扮演练习

提高投诉应对能力的捷径是，以实际发生的投诉案例为基础，分配员工分别扮演投诉顾客和工作人员，在早会或者空闲的时间，两人一组进行角色扮演练习。扮演顾客的员工照搬案例中顾客的原话，扮演销售人员的员工则进行应对练习。

在此，我们练习一下有关商品混入异物的案例吧。在开始角色扮演练习之前，列举投诉应对失败的例子加以对比，以便于理解。

例：应对投诉商品中混入异物的顾客

错误示例（不好的例子）

顾客："我今天购买的便当里面有头发，好恶心！"

员工："您带小票和商品了吗？"

顾客："商品是这个，没给小票。"

员工："没有小票有点难办啊……是在我们店里买的吗？"

顾客："你太没有礼貌了！你是在怀疑顾客吗？"

投诉应对范例（好的例子）

顾客："我今天购买的便当里面有头发，好恶心！"

员工："给您添麻烦了。不好意思，请问您带小票和商品了吗？"

顾客："商品是这个，没给小票。"

员工："麻烦您特意来了一趟，实在不好意思（确实有头发）。给您带来了不快，我们深表歉意。是我们疏忽了。"

顾客："你们准备如何处理呢？"

员工："退还您商品金额，或者为您更换商品，您觉得怎么样？"

顾客："我希望你们退款。"

员工："好的。我叫○○，您贵姓？""△△先生（女士），请您坐在这里稍等。"

—退款—

员工："△△先生（女士），让您久等了。退还您商品金额○○元。"

顾客："好的。"

员工："这次给您带来了不便，我们深表歉意。为了避免今后发生类似的情况，我们会督促全体员工对商品进行严格的检查。"

第 **2** 部

投诉应对
实践篇

为随季节增减的投诉做好准备

春夏秋冬的投诉特征

1 春季多发的投诉

　　春季是入学、进公司、调动工作的季节，初次光临的顾客会增多。同时，对店方来说，春季也是新职员和新的兼职人员加入的季节。工作上还没有习惯的员工和顾客之间，会因误会或者失误产生投诉。就像人们常说的树发芽时节（指早春冷暖交替，人的身体和精神状态不稳定的时节）和5月病（指在春夏之交的5月，因为理想期许和现实的差距，以及人际关系没有达到预定状态，而产生的厌倦、易疲乏的情绪问题），春季是身体状况不稳定的季节。员工之间要互相鼓励。

　　对新进员工，要加强店规和待客礼仪方面的教育。对老员工，要提醒其熟悉应对流程，不能偷工减料。对初次光临的顾客，要仔细说明消费方法，要注意不要将新客与常客差别对待。

2 夏季多发的投诉

　　夏季高温潮湿，是商品容易损坏的季节。食物中毒发生的概率也会提高，要尤为重视。某商业设施的数据统计显示，6月发生的投诉事件最多。暑假期间，带孩子来店的顾客增多，同时员工也会轮流休假，因此为了避免给顾客带来不便，要打起精神应对投诉。

3 秋季多发的投诉

秋季人们食欲旺盛，店方会推出各种商品，策划各种活动。另外，很多顾客看到广告传单或者展览以后，会光临店铺。

因为顾客对当季食材抱有很大的期待，所以会产生有关秋季时鲜的投诉，以及实物与广告传单不符的投诉，还有传单上的商品脱销等的投诉。

在秋老虎肆虐的 9 月，也有必要跟夏季一样，做好食材、温度和新鲜度的管理工作，要继续打起精神预防投诉的发生。

4 冬季多发的投诉

冬季，在一年之中客流量最大的 12 月，顾客的投诉件数最多。年底忙碌的顾客增多了，而且又是圣诞、新年等节日接踵而至的时节。重要的是投诉不能拖到年头，要在年内解决。

同时，这也是偷窃增多的时节。在进入 12 月以前，要温习投诉应对的方法，要让全体员工加强投诉预防工作。

1 春季多发的投诉

3 月

案例 1

因顾客对食品的运送、保管失误而引发的投诉

"糖米糕（在日本女儿节食用的一种糕点）发潮了"

情况：一位 50 多岁的已婚女性顾客购买了女儿节食用的糕点。买了糖米糕和菱形饼放在购物袋中带回家，上面还放了鸡蛋、白菜、土豆、冷冻食品等商品。数日后，她带着小票来投诉"糖米糕发潮了"。

对话场景

顾客："前几天我在你们店里购买了糖米糕和菱形饼，我买回去以后发现菱形饼缺了角，糖米糕发潮了。难得的女儿节给搞砸了，这没法吃了，我带过来了，你们给我退款。"

错误示例："小票带了吗？啊，您把糕点和冷冻食品长时间放一起了吧？上面还压了蔬菜，所以才导致菱形饼变形了吧？因顾客方面的原因导致的损坏，退货就有点……"

应对范例："糖米糕、菱形饼都是易损坏的点心，为避免商品损坏，或许与其他商品分开装会好一点。难得的女儿节，却让您扫兴了，我们万分抱歉。能请您说一下具体情况吗？"（听顾客叙述）"我马上跟上司汇报，您不赶时间吧？"

要点解说

即使是由于顾客的运送、保存方法不当而造成的商品损坏，我们也不能责怪顾客。因为顾客有可能不承认是自己的失误，从而导致投诉的进一步升级。最好马上找上司商量，让上司来判断（根据上司的判断来退款、更换商品）。

像这样的投诉发生后，要注意对于易损坏商品的包装，要提醒顾客"商品易损坏，请小心拿放"。

对以下这些易损坏商品要尤为注意：

点心、水果、鸡蛋、豆腐、鱼肉山芋饼等食品，鲜花，餐具等玻璃、瓷器类商品。

案例2

有关保质期的投诉

"出售过期商品"

情况：一位50多岁的男性顾客看了看一个瓶装商品，将其带到了收银台。一脸像是说着"你们竟然出售过期商品"的难以置信的表情，投诉道："你们不仔细检查商品的吗？你们必须立刻撤掉这个商品，并对所有商品进行检查。"

对话场景

顾客："喂，这个商品已经过期了。为什么你们不检查呢？这样开店太可笑了吧，我怀疑你们店里的商品都过期了。全部都查一遍。"

错误示例："啊，非常抱歉。我们一般会时不时检查的，可能没注意到。我去看看有没有新的商品。"

应对范例："非常抱歉。我们应该仔细检查的，是我们的疏漏。谢谢您的提醒。我们会再次对店里的所有商品的保质期进行确认。为避免以后再次发生这种情况，我们一定严肃处理。我马上去拿新的商品给您。"

要点解说

在购买牛奶的时候，有的顾客不看保质期，有的顾客会挑选日期最新的商品。在商品购买上追求完美的顾客，发现过期的商品，或者已接近保质期的商品，肯定会指责店铺在商品管理上的疏漏。为了顾客能买到放心、安全的商品，我们要认真地进行检查。当出现保质期标识印刷错误的情况时，印生产日期的厂商要登出致歉广告，并回收全部商品。

延长保质期的动态

在日本国内，自 2014 年 4 月起，为了减少 500—800 吨的废弃食品，越来越多的食品生产商开始重新评估商品的保质期。在快餐面业界，数年以前就开始验证，从各厂商收集数据，同时改良汤料等的配方和包装技术。结果，杯面的保质期由 5 个月延长至 6 个月，袋装面的保质期由 6 个月延长至 8 个月。

饮料生产商也延长了罐装饮料和纸包装饮料的保质期。还有些公司重新评估罐头食品等商品的保质期。如果有顾客询问的话，店方应在对商品进行确认的基础上予以准确的答复。

另外，日本国内的饮料生产商对塑料瓶装饮料等保质期超过 1 年的商品，将之前以"年月日"标识的保质期，改为以"年月"来进行标识。

（参考　2014 年 5 月 1 日　《读卖新闻》）

表4　最佳食用期和保质期的区别（摘自农林水产省 HP）

最佳食用期	标记于副食品、便当、带馅的点心、豆腐等不易于保存的食品。表示在没有开封的状态下，按照所标识的保存方法保存的前提下，能够安全食用的期限。要在最佳食用期内食用。

保质期	标识于火腿、香肠、零食、罐头、软罐头食品等，在冷藏或者常温状态下易于保存的商品。表示在没有开封的状态下，按照所标识的保存方法保存的前提下，能够保证安全食用的期限。
常温保存	15℃—25℃保存。
冷藏保存	10℃以下（食品卫生法）冷藏5℃以下（JAS法，农林物资规格化和质量表示标准法）。
冷冻保存	–15℃以下（食品卫生法）—–18℃以下（JAS法，很多食品保存12个月）。

案例 3

有关商品标价的投诉

"买 3 个就可以打折的商品，却没有给折扣"

情况：一位 40 多岁的已婚女性顾客，看到 POP 上有购买 3 件可以打折的优惠商品，于是选购了 3 件该商品。但是回家以后一看小票，发现并没有折扣，于是来电投诉。

对话场景

顾客："今天我在你们卖场购买了满 3 件可以优惠的商品，回家以后一看小票，发现没有折扣。因为写着能打折，我才买了 3 件，这是堂而皇之的诈骗吧。"

错误示例："诈骗是哪里的话啊。收银机是按照标价读取的，应该不会有错的。我能查一下吗？（用收银机扫了一下标价牌）咦，这个标价牌不对。"

应对范例："尊敬的顾客，您是说您购买的商品价格不对，是吧。不好意思，能否给我看一下商品和小票呢？（用收银机扫了一下标价牌）非常抱歉，这个标价牌好像不对。这就给您退差价，对给您造成的麻烦，我们表示诚挚的歉意。"

要点解说

在上述的错误示例中，顾客指出广告与标价牌的金额不符，而店员的态度让人觉得店方不会出错，勉为其难地核实了商品的金额。在应对范例中，店员复述了顾客的申诉内容，核对了标价牌与广告标识的金额，并向顾客说"对给您造成的麻烦，我们表示诚挚的歉意"。即使不是自己的错，店员也要代表店方表示歉意，这点很重要。

案例4
有关人事调动的投诉
"应该做好工作的交接"

情况：一位 30 多岁的已婚女性，在周六傍晚光临店铺，她想要批量购买特定的保健用品 A。某一天在路过卖场的时候，她拜托 T 店长补货。然而，T 店长调到了其他店铺。这款 A 商品也刚好搞特卖活动，该顾客抱怨商品售罄了。

对话场景

顾客："我总是在周六购买一周份的 A 商品，我拜托了 T 先生补货，但为什么会脱销？买不到这个商品我会很麻烦，你们想想办法！"

错误示例："即便您这么说，今天也由于特卖售罄了。进货的事我不清楚。啊，你拜托 T 先生了吗？我没有听说呀，T 先生已经调到总店工作了。"

应对范例："谢谢您一直光临本店，不凑巧 A 商品已经缺货了。现在能确保有 5 件存货，能否请您今天先购买 5 件呢？进货了我们马上联系您。对给您带来的不便，我们深表歉意。T 店长于上周末调动工作了，是我们工作交接不到位给您造成了麻烦。今后我们会备好库存的。"

要点解说

如果顾客对员工提出了要求，要让周围的员工都有所了解。如果没能满足顾客的要求，会让顾客觉得"明明拜托了你们，却做不到"，从而影响顾客的心情。尤其是定期购买固定商品的老顾客，商品脱销会辜负他们的期望。我们要对他们的经常光顾表示感谢，对造成脱销的疏忽表示诚挚的歉意。另外，对由员工工作调动而产生的交接上的失误，我们不可以辩解，要认真应对。

案例 5

有关营业时间的投诉

"为什么早上 8 点 30 分的时候，不销售传单上的商品?"

情况：一位 60 多岁的男性顾客最近搬了新家。家附近有家一大早就开门营业的超市，他感觉非常方便，于是在早上散步的途中光顾了超市。正好其夫人前一天看到传单上登有蔬菜特价的广告，拜托他前来购买。结果他询问了店员后，得知要 10 点才开始卖，觉得很苦恼。

对话场景

顾客："因为有特卖才一早过来的，10 点才开始是什么意思。既然你们一早就开店，那理所应当要接待一大早来的顾客吧。你们这样做不对吧!"

错误示例："即便您这么说，店里要求我们 10 点开始特卖，我们也没有办法。广告上也写着 10 点开始，能请您 10 点再来吗?"

应对范例："非常抱歉。传单和店内标识不清晰，给您造成麻烦了。实际上，特卖商品是从 10 点开始的限时促销活动，对任何顾客都是 10 点才开始的。实在不好意思，能否请您等到 10 点呢?"

早晨开始营业或者 24 小时营业的超市，在何时开始进行特卖活动的问题上，有时会和顾客的想法产生分歧。似乎很多店都是从 10 点开始搞特卖活动，这些店要在传单或者 POP 上标识清楚。如果让早来的顾客等到 10 点，顾客会生气。在上述应对范例中，店员以限时促销为由温和地请求顾客的配合。如果顾客不能接受的话，则交由上司进行处理。

案例 6
有关筷子等资源节约方面的投诉
"要询问是否需要筷子"

情况：一位 30 多岁准备出差的女性，在公司附近的超市买了便当，然后直接带上了飞机。到了飞机上，打开便当发现没有放筷子。找空乘人员要到了筷子，她生气地说如果在新干线上就没法吃了。

对话场景

顾客："喂！前天我在这里买了便当想在飞机上吃的，结果没给筷子，给我带来了麻烦。一般来说，店员需要问一下顾客需不需要筷子吧？可店员什么都没说，为什么不给筷子？"

错误示例："啊，对不起。工作人员没问您吗？真奇怪呀，我们一般都会问顾客要不要筷子的。毕竟还有顾客因为放了筷子而生气的。"

应对范例："非常抱歉，我们的工作人员没有确认您是否需要筷子，给您造成了麻烦。今后为了避免发生类似的情况，我们会彻底地教育全体员工。真的非常抱歉!"

要点解说

在注重资源节约和垃圾削减的居民较为集中的地区，在购买便当等商品时，越来越多的顾客选择不要筷子。如果收银员将此视为常态，就会想当然地认为下一位顾客也不需要筷子，从而不在购物袋中放入筷子。这样就会发生顾客在食用便当时因没有筷子而导致不便的问题。

在准备吃便当的时候，如果发现没有筷子，顾客会做何反应? 这个时候顾客的心情你们能理解吗? 所以我们应向每一位顾客确认。

案例7
对没有给小票的投诉
"为什么不给小票?"

情况：因为有很多购买小金额商品的顾客不需要小票，所以收银员会习惯性地边说着"小票不用了吧?"，边把小票随意地扔进废弃的小票当中。有位 50 多岁的男性顾客就因此发火了，说道："为什么不给我小票?"

对话场景

顾客："小票是购物的凭证，为什么不给我？你就这么将小票随意地扔掉吗？你问一下我不好吗？你这家店是怎么教育员工的啊！叫你们的负责人出来。"

错误示例："对不起，我以为您不要小票的。那个，您看这样行不行，我重新打印一张小票出来，请稍等。为了一张小票也不至于要那样……"

应对范例："非常抱歉，我们对员工的教育不到位。小票是顾客购物的凭证，我们应该给您的，非常抱歉，我重新为您打印一张。抱歉让您久等了，今后我们会加强对员工教育的。"

要点解说

收银小票是购物的凭证，因此一定要交给顾客。另一方面，在没有找零或者小额购物的时候，很多顾客说不要小票。偶尔会看见有些店员会想当然地不给小票，或者在询问顾客之前就把小票丢进小票废弃盒中。但是，万一出现瑕疵品，退货必须出具小票。因此，对不需要小票的顾客，可以让其自己将小票丢进废弃盒中。

案例 8

对店员的服务的投诉

"在广告商品脱销的应对上，服务很差"

情况：一位 40 多岁的已婚女性顾客，在工作日的下午 3

点左右来到店里。就广告上登载的商品向工作人员询问，被告知上午已经售完。顾客投诉说被工作人员嘲笑，感觉很不好。

对话场景

顾客："我刚才就广告上登载的商品向收银人员询问，被告知上午已经售完。在我准备回去的时候，该收银员好像嘲弄人似的笑了。这家店是怎么回事，真恶心！"

错误示例："广告上的商品很受欢迎，因为仅限今天，所以不一会儿就售完了。我们的店员嘲笑您了吗？我核实一下情况，然后对其进行批评教育。"

应对范例："给您带来了不愉快，真的很抱歉。广告上的商品确实在上午就脱销了，对您特意赶来，我们表示感谢和歉意，我们应该给您推荐相关的其他商品。我为我们的教育不到位表示诚挚的歉意。我们会再次教育员工，以免以后发生类似情况。"

要点解说

在上述错误示例中，店员在面对因限量出售商品的脱销而感到失望的顾客投诉时，态度不够热情。对员工嘲笑顾客一事，好像也认定是顾客的多虑。在应对范例中，对顾客的言辞，店方承认是"我们的教育不到位"，并承诺会"再次教育员工"，让员工能够在商品脱销时推荐其他的替代商品，向顾客展现了会采取措施防止类似事情再次发生的态度。

4 月

案例 9

对商品的投诉

"炸猪排肉呈红色，有没有炸熟啊?"

情况：一位 50 多岁的上班族买了炸猪排饭，想要在公司午餐时食用，结果发现肉是红色的。因为觉得没有炸熟，所以感到恶心，带回店里希望退款。

对话场景

顾客："我买了这里的猪排便当当午餐，你们就若无其事地卖这种商品吗？里面没有熟透，肉还是红色的。这种东西没法吃，给我退钱！"

错误示例："尊敬的顾客，这种肉就是这样的，是没有问题的。今天中午卖出去 20 份猪排便当，只有您一个人这么说哦。既然您说想退款，那我就给您退吧。"

应对范例："您说猪排便当的肉是红色的，是吧。在您午休时给您带来不愉快，我们非常抱歉。我们可以立刻给您重做，如果您没有时间也可以给您退款。不好意思，请问您带小票了吗？"

在上述错误示例中，店员认定是怀疑肉没有炸熟的顾客有问题，并且还拿该顾客与其他顾客进行比较，这样会激怒顾客。

在应对范例中，店员对顾客浪费了有限的午休时间的心情表示理解，表达了"给你带来不愉快，我们非常抱歉"的歉意，并提出给顾客重新制作或者退款。虽然经过高温油炸的猪肉有时也会呈红色，但是店方并没有对此进行辩解。

我们要知道对于害怕由 O-157（大肠杆菌）引起的食物中毒的顾客来说，他们对经过烹饪的肉的颜色是很敏感的。

案例 10
对购物袋收费的投诉
"购物袋要收费？什么时候开始的？"

情况：一位 40 多岁的男性顾客，在付账时向店方索要购物袋，收银员询问："要收费的，可以吗？"因为他不知道购物袋要收费，所以很吃惊，用很严厉的口吻反问工作人员。该顾客也非常反感每次都要拿一个环保购物袋来购物。

对话场景

顾客："为什么？从什么时候开始收费的？我都不知道购

物袋变成收费的了。虽说只要 6 日元，那也是收费的。每次都要带环保袋或者塑料袋来购物，很麻烦。"

错误示例："对不起，是从 4 月开始收费的。这是公司的决定，我们也没有办法。如果您有本店的○○卡的话，可以给您环保积分。"

应对范例："非常抱歉。实际上购物袋是从 4 月开始收费的，对任何顾客我们都会收取每个购物袋 6 日元的费用。希望您能支持环保事业，给您添麻烦了。"

要点解说

有些日子没有光临店铺的男性顾客，对购物袋收费一事感到吃惊。正因为之前一直免费的东西变成收费的了，该顾客对此产生了抵触情绪。在上述错误示例中，店员以公司规定为理由回避了自己的责任，并且用卡片环保积分一事转换了话题。在应对范例中，店员则讲明了收取购物袋费用的理由，并希望顾客予以支持。我们应采用富有说服力的方式，让顾客接受不可改变的事实。

案例 11
对将掉在地板上的商品放回货架上的行为的投诉
"把掉在地上的点心放回货架上，真脏"

情况：带着孩子到店里来的顾客引起了另一位 20 多岁女

性顾客的注意。孩子将烤制的点心掉在了地板上，路过的店员捡起点心，就那么放回了货架。这位顾客目睹了这一过程后，就去质问收银员。

对话场景

顾客："刚刚有个带孩子来的顾客，孩子把烤制的点心掉在了地板上，却没有捡起来。店员注意到以后捡起了点心，我以为会收起来，结果店员直接放回了货架。这是卫生问题，你们注意下！"

错误示例："把小孩掉在地上的点心捡起来，直接放回货架上吗？难以置信啊。对不起，我们马上查一下是哪个店员，立刻让其改正。"

应对范例："感谢您批评指正。如您所言，捡起来的点心应该另做处理。给您带来不愉快，我们非常抱歉。我们会严厉批评教育员工，要求其改正。真的很抱歉！"

要点解说

在带孩子进店的顾客中，有些人对孩子触碰商品（食品）的行为并不会制止。作为店员本更应该注意卫生方面的问题，而在对待捡起孩子掉落的点心直接放回货架这件事上，上述错误示例中店员展现了事不关己、试图寻找当事人的态度。与此相对，在应对范例中，店员则对顾客的投诉表示了认可，并立刻向顾客致歉。

案例 12

对让顾客久等的投诉

"到底要让我等多久?"

情况：还处在实习期的收银员操作不熟练，顾客排起了长队，长长的队伍总不见前进。一位 30 多岁的男性顾客对路过的店员抱怨道："为什么就这个收银台这么慢?"

对话场景

顾客："之前开始就在排队，为什么就这个收银台这么慢? 能不让顾客等，快点收银吗? 在旁边收银台排的人一样多的队，都已经结完账了。究竟要让我等到什么时候?"

错误示例："对不起，他还是新员工。另外，由于是黄金周，店里人很多，等的时间会比较长。请您再稍微等一等吧。等轮到您了，我们会加快的。"

应对范例："非常抱歉。由于是黄金周，购物的顾客较多，再加上店员业务还不熟练，收银时间较长，给您添麻烦了。非常抱歉耽误您时间了!"

要点解说

因为很多顾客购物，时间都有限，所以如果一味地让顾客等待，会让顾客不高兴。另外，即便应对顾客的是新员工，顾客也会希望站出来的是能很好地应对投诉的人，所以"他还是新员工"这个理由是行不通的，店方要为对员工的教育不到位而致歉。如果顾客真的没有时间，或者顾客的怒火不能平息的话，最好向顾客提出"您到这边来"，在综合收银台迅速地为其结账。

案例 13

对店员漏放商品的投诉

"明明买了 5 件商品，却只给了 4 件"

情况：一位 30 多岁的女性顾客上午购买了 5 件商品。因为收银员业务不熟练，她在回家途中查看了一下商品，发现只有 4 件商品，于是返回店里称小票上打的是 5 件商品的金额。

对话场景

顾客："刚才在那个收银台结的账，我买了 5 件商品只给了我 4 件，但是小票上打的是 5 件。"

错误示例："有小票吗？好的，哦，是 5 件啊。不是客人您忘了拿了吧？你看包装台了吗？我不是负责人，我去问一下。"

应对范例："您是说您购买了 5 件商品，却只给了您 4 件，是吧。让您百忙之中再次光临，非常抱歉。不好意思，我能看一下小票吗？确实收了您 5 件商品的金额，我去帮您拿另外 1 件商品。由于我们员工的失误给您添麻烦了，非常抱歉。为了避免今后发生类似的情况，我们一定会好好教育员工。"

上述场景中，因店方少放1件商品而导致顾客再度进店，对此，在上述错误示例中，店员没有表现出对顾客的任何感谢之情，反而怀疑是顾客忘了拿商品。而在应对范例中，店员复述了顾客的申诉内容，对顾客再次进店表示了慰问，同时还礼貌地拜托顾客"不好意思，我能看一下小票吗？"对购买多件商品的顾客我们应以感激之情来应对，同时应核对商品数目。

案例 14
有关在赏花时食用的菜肴中漏放筷子的投诉
"我要求放数人份的筷子，却没有放"

情况：一位40多岁的上班族，购买了公司员工赏花时食用的啤酒和便当等商品，由于店方没有按其要求放入筷子而进行了投诉。在赏花时，顾客没有办法只能在附近的便利店购买筷子，非常生气。

对话场景

顾客："我买了我们公司员工赏花时要食用的啤酒和10个便当，但只给了5双筷子，你们没按照我的要求做让我很为难。每年都会买这些食物，第一次遇到这种情况。我只好在附近的便利店里买了筷子。"

错误示例：“对不起，我们漏放筷子了吗？您是在哪个公园赏花的？如果在附近的话，您打个电话，我们就给您送去了。现在为时已晚，以后我们会注意的。”

应对范例：“非常抱歉，在您所期待的、一年一度的赏花期间，却因我们在便当中漏放筷子，给您造成了不便。还让您被迫在附近的便利店里购买了筷子，我们真的非常抱歉！”

要点解说

在顾客购买的赏花时食用的便当、饮料等中忘了放入筷子或者调料等，会有损购买人的颜面，我们要注意。我们要留意附近的赏花信息和人流情况，在布置卖场的同时询问顾客赏花的场所，为避免顾客在赏花时产生不便，我们甚至要留意垃圾的回收问题。上述错误示例中，“您打个电话，我们就给您送去了”听起来像在找借口，我们最好避免这样的表达方式。

案例 15
有关发票的投诉
“发票抬头的字太丑了”

情况：一位 40 多岁的女性顾客因为要报销所以要求工作人员开具发票。让工作人员写了发票的抬头，结果字写得很丑，数字也写得乱七八糟，她感到很不高兴。

对话场景

顾客："啊！这是发票啊？你不觉得字写得太难看了吗？抬头不写得好看一点的话，会让我很没面子的，都不好意思交给公司了。"

错误示例："啊，对不起。哎，是这样吗？金额也对啊。那么，该如何写好呢？让别人写可以吗？那么，请稍等。""这样行吗？"

应对范例："非常抱歉，字写得不工整真是万分抱歉，我来重写。""让您久等了，跟您核对一下好吗？我们开具的发票，抬头是○○女士，金额为△△元。给你添麻烦了，非常抱歉！"

要点解说

发票是正式的凭证，我们要问清顾客抬头和备注等内容，尽量以工整的字迹来书写。遇到难写的公司名或者顾客名，要提出"能请您将名字写在这里吗?"，然后将便条和笔交给顾客，让顾客写下来。在开具手写发票的时候，也要跟顾客进行核实。发票的金额不可更改。另外，在消费金额超过 3 万日元的情况下，要贴上印花税票（在小票上标识了可以省去印花税票的情况下，可以不用贴）。

案例 16

有关停车场服务的投诉

"至少要了解自己公司的服务吧"

情况：第一次光临的 30 多岁的女性顾客，向工作人员确认停车场服务的相关内容。因为是新进的兼职人员，也没有开车来上班，所以答得语无伦次，遭到了该顾客的斥责。

对话场景

顾客："我只不过想问一下，用这个停车券能在停车场停几分钟，连这个你都不知道？你至少要对你们店的停车服务有所了解啊！"

错误示例："对不起。我刚进公司，也没有去停过车。我去问一下知道的人，请您稍等一下好吗？我也没想到您会问我这个。"

应对范例："我马上给您查询。""让您久等了。像这个楼层指南上写的那样，购买○○元的商品可以免费停车△小时。可以与本场馆内其他店铺合计，最长可以停△小时。感谢您的垂询。"

要点解说

在上述错误示例中，店员缺乏自己是店里的工作人员的意识，给人感觉是在为自己的学习不到位进行辩解。当被询问到了自己不懂的事，应该立刻查询并予以解答。从顾客的角度来看，无论是新员工还是老员工都是店里的工作人员，都应该很清楚店里的服务内容，所以顾客可以询问任何问题。我们要在事前对顾客常问的一些问题做好调查，并且要将资料放在手头，以便随时应对顾客的咨询。

5 月

案例 17

黄金周期间多发的投诉

"太拥挤了，进停车场花了 1 个多小时"

情况：一位开车带家人来店的 40 多岁的男性顾客反映，停车场周边的道路很拥堵，但没有工作人员进行疏导，导致交通非常混乱，进停车场花了 1 个多小时。他非常生气地质问店员为什么不好好疏导车辆。

对话场景

顾客："黄金周期间，车子和人都非常多。我很久没开车来了，周边堵车严重，很难开进停车场。你们应该多安排些工作人员进行疏导。如果司机焦躁不安引发了交通事故，那就不好了吧。"

错误示例："我一直待在店内，所以不清楚外面的拥堵情况。停车场有保安，我会和相关部门反映。我们只有这个改善方案了。"

应对范例："您是说周围拥堵，进停车场要等待 1 小时，是吧。给您添麻烦了。周围住宅增加了，又逢黄金周，所以车子很多，而我们却没有采取相应的措施。感谢您提的宝贵意见，我们会尽快向停车场负责人反映，进行改善。"

对待前来投诉停车场服务的顾客，店员立刻反驳"不问一下别人具体情况的话，我也不清楚"。然而，正是因为顾客不知道停车场的负责人是谁，才会向店员询问。

即使顾客的咨询超出了自己的职责范畴，也不能因此逃避责任。我们要复述、确认顾客的意见，并致歉"给您添麻烦了"。同时，要将问题移交给相关的部门、责任人，要展现出积极进行改善的态度。

店员时常会收到顾客对设施的相关投诉，例如因顾客用的洗手间、手扶电梯、升降梯、停车场等的卫生、拥挤、使用情况等引起的投诉，租赁店铺引起的投诉，对店铺内设立的 ATM 的投诉。我们应问清情况，做好记录，方便的话还要留下顾客的名字和联系方式，并移交给相关的负责人。

案例 18

有关儿童节活动的投诉

"孩子排队参加活动，因为没有轮到而大哭"

情况：一位 30 多岁的男性顾客带着孩子来到店里，参加漫画角色展的活动，排队等待与漫画角色一起合影。该顾客生气地投诉道："我们排着队，好不容易要轮到了，活动却结束了，孩子伤心地大哭，太可怜了。"

对话场景

顾客："我和孩子满怀期待地来了，排了长长的队，好不容易要轮到我们了，活动却结束了。孩子好可怜，大哭了起来。"

错误示例："对不起。因为到场的顾客很多，所以我们发放了号码牌。有关号码牌的事，我们在传单和主页上都有登载，您没有看到吗？今天的号码牌已经全部发放完毕了。"

应对范例："您满怀期待地光临本店，号码牌却已经发放完毕，我们十分抱歉。我联系一下负责人，看看现在还有没有参加的可能性。"（进行确认）"非常抱歉，没有号码牌的话还是很难参加活动的。没能帮到您我很抱歉。"致歉之后，向顾客推荐其他面向儿童的活动。

要点解说

带着孩子光临的顾客，优先考虑的是孩子的心情。在上述错误示例中，店员告知顾客号码牌已经发放结束，不仅如此，语气似乎在责怪顾客没有看到活动的通知。而应对范例中，店员给人的印象是，为了得到顾客的谅解，打电话给活动负责人进行协商。作为替代方案，工作人员也可以向活动负责人索要当天的照片，改日寄给该孩子。

案例 19

作为母亲节礼物而购买的鲜花，很快就枯萎了

"购买的鲜花当天就谢了"

情况：一位 20 多岁的女性顾客想要在母亲节那天送花给母亲，购买了花束。顾客将花束拿在手中又购物数小时，回到家送给母亲之后，当晚花瓣就凋落、枯萎了。

对话场景

顾客："我买来做母亲节礼物的鲜花，买的当天花瓣就凋落、枯萎了。你们为什么出售这么不新鲜的花?！好好的礼物就这么浪费了。"

错误示例："啊？一般情况下是不会很快凋零的。您是否长时间拿在手里行走，或者放在其他商品下面压坏了，又或者是把它放在暖和的房间里了?"

应对范例："您是说想要作为母亲节礼物的鲜花很快凋零、枯萎了，是吧。对您购买的礼物，我们没能妥善处理，非常抱歉。我跟鲜花部门的负责人联系，给您更换新的鲜花，您觉得行吗？不好意思，您带小票了吗?"

母亲节的经典礼物是鲜花，而鲜花属于生鲜商品，如果处理不当很容易受损。然而，在上述错误示例中，店员认定是顾客的错，破坏了顾客的心情，导致投诉升级。在母亲节这一重要的日子里，如果影响了顾客的心情，工作人员要对此表示歉意，最好联系鲜花部门责任人，为其办理退换货手续。

案例 20
母亲节的礼物，夜里 9 点才送达
"已经入睡的母亲被送货员吵醒"

情况：一位 50 多岁的女性顾客，指定在母亲节那天，为独自生活在远方的母亲寄送礼物。结果第二天，习惯早睡的母亲打电话向她抱怨，说夜里 9 点被送货员吵醒。

对话场景

顾客："我在你们店里购买了商品，要求在母亲节当天送达，但是夜里 9 点送货。已经就寝的母亲责备我说，'安排在这个时间送货上门也太没常识了'。你们怎么回事！"

错误示例："对不起。不过，您母亲是不是白天外出了啊？不管怎样在母亲节送达了，不是挺好的嘛。您有什么不满意的？我觉得没送到才是个问题呢。"

应对范例："您花心思购买的母亲节礼物，却在夜里9点才送达，给您造成了不便。同时，我们未能帮您转达心意，非常抱歉。我们该怎么补偿您呢？我们负责人给您母亲寄一封道歉信，您觉得怎么样？"

要点解说

　　想方设法在顾客指定的日期将货物送达的送货员，与收货人之间，在送货时间上产生了分歧。店员声称自己与送货无关而逃避责任，或是为送货人员辩解的话，就无法与顾客达成共识，从而使投诉升级。店员应代表店方致歉，并提出让负责人给顾客的母亲寄道歉信。该母亲误会女儿对送货时间缺乏常识，而这是由店方的判断失误导致的，我们应为此负起责任。

案例21
有关试饮的投诉
"买过的客人就不让试饮了吗?"

情况：在店里做新茶试饮活动的一家店铺，由于店内忙碌，没有给下一位排队等待的50多岁的男性顾客端出试饮的茶，结果被顾客训斥道："我买过了，你就不让我试饮了吗?"

对话场景

顾客："我买了新茶，有人推荐试饮我就去排队了，结果前面的人还可以试饮，轮到我的时候，店员却以店里突然忙起来了而拒绝了我。我买过了就不给试饮了，你们这是差别对待。"

错误示例："对不起。因为人多了起来，店里要求我先给顾客结账。等到店里人不多了，我们会再次开始提供试饮，能请您再稍微等等吗？"

应对范例："我们处理事情没有考虑到您的心情，非常抱歉。您好不容易购买了我们的商品，我们却辜负了您的期待，真是不好意思。我马上为您准备热茶，可以吗？耽误了您的时间，我真的很抱歉！"

要点解说

试饮是商家为了吸引顾客，让其了解饮品的味道而推出的活动，然而当店铺繁忙的时候，有很多店员可能会选择优先招呼其他顾客。如果有客人在等待试饮，店员要平等对待他们，提供了试饮的茶水之后再去招呼其他客人。招待顾客要遵守"先来的客人优先"的原则。在上述错误示例中，店员将公司的规则强加在顾客的身上。我们要像应对范例中那样，考虑到顾客期待的心情。

案例 22

对员工私下闲谈的投诉

"店员在聊天，都不打招呼"

情况：一位 40 多岁的顾客去服务台取冷冻食品的干冰。事后打来电话投诉说，两个店员在聊天，没注意到他，连招呼都没打，这态度是不把他当顾客看待。

对话场景

顾客："我去服务台取干冰，服务台的人在聊天，没注意到我，连招呼都没打，这态度是不把我当顾客看待，真让人不舒服。你们究竟是怎么教育员工的啊？"

错误示例："对不起。服务台的是老员工了，按常理是不会发生这种情况的，或许是在商量什么事情，十分抱歉。我会严肃批评他们的。"

应对范例："十分抱歉。服务台的员工是为了第一时间满足顾客要求而配备的，而他们却在聊天，也不和顾客打招呼。对给您造成的不愉快，我们深表歉意。为避免今后发生类似情况，我们会对员工进行彻底的教育。"

　　服务台虽然很醒目，但是因服务台的店员不经常招待顾客，所以有时会欠缺自己的言行受顾客关注这样的意识。我们不能像上述错误示例中那样，去袒护自己的员工，而应该引起重视，对员工进行严厉的批评教育。让他们意识到不仅仅是收银人员，服务台工作人员的言行也被顾客看在眼里。

案例 23

有关传单的投诉
"这么小的字，根本看不清"

　　情况：一位前来购买今日特价蔬菜的 30 多岁的女性顾客，向店员指出"标价牌上的金额写错了"，店员回答道："因为是限量出售，商品已经卖完了，所以换上了其他商品，传单上是这么写的。"结果这位顾客很生气。

　　对话场景

　　顾客："我是来买特价商品的，还没到傍晚为什么就没了？传单上写着限量销售？这么小的字，写了也注意不到啊。我是特意为这个来的，你们退我交通费。"

　　错误示例："对不起，为了今天的特价商品，很多顾客一早就来了，所以很快售完了。公司要求我们出售其他的商品。

特价商品数量有限，您需要早点来。"

应对范例："十分抱歉，传单上的字太小给您造成麻烦了。谢谢您提的宝贵意见，我会转告相关负责人。很不好意思，特价商品数量有限，商品脱销之际对任何顾客我们都只能请求其原谅，请您谅解。"

要点解说

看了广告传单而光临店铺的顾客，一旦发现目标商品脱销，就会感到失望，觉得浪费了时间和交通费白跑一趟，于是会控制不住地发火。店员如果像上述错误示例中那样，说其他顾客都看明白了传单内容，提早来到店里，会让顾客觉得被嘲笑了，从而遭到怒斥"你太没礼貌了！"。我们应为传单造成的不便而致歉，同时，在商品脱销时，我们只能请求所有顾客的谅解。

案例 24
有关店铺卫生情况的投诉
"食品货架上有好多灰尘"

情况：我们以为员工将店铺打扫得很干净，然而一位 20多岁的女性顾客指出"食品货架上堆满了灰尘""收银台上是湿的，不干净""副食品柜台的地板上油腻腻的，让人没有购买的欲望"。

对话场景

顾客："这家店好像没有好好打扫卫生啊。货架上有灰尘，收银台湿乎乎的，副食品那里的地板油腻腻的，看上去不卫生，让人不想购买商品。你们究竟是怎么回事？"

错误示例："我们每天都认真打扫的，是不是忽略了。冷冻食品很容易融化，所以收银台上会有水分，这也是没办法的事。副食品柜台是吗？我去和他们说一下。"

应对范例："非常抱歉，我们的卫生、维护做得不到位，很不好意思，干净卫生是销售食品的首要条件。我们马上检查所有商品货架是否有灰尘，仔细擦拭收银台，彻底检查地板是否沾了油。感谢您的批评指正。"

要点解说

从早春到夏季，随着白天变长，灰尘也越来越显眼。店方要站在顾客的角度，重新检查店铺的卫生情况。如果出售食品的店铺不整洁，顾客会担心食物中毒。即使店铺稍微有些脏，很多顾客会因为怕麻烦而不指出来，我们要对那些特意指出来的顾客表示感谢，迅速进行核实，并重新审视包括没有被指出来的地方在内的所有方面。

2 夏季多发的投诉

6 月

案例 25
商品里面有虫子
"蔬菜里有青虫"

情况：一位 20 多岁的女性顾客投诉自己购买的卷心菜里有青虫，并将卷心菜带回店里。非常生气地说差一点就切到了，导致她已经不想再看到卷心菜了，并要求退款。

对话场景

顾客："这个卷心菜是怎么回事！我想做包菜卷来着，摘下叶子发现里面有虫子，这个没法吃了。我觉得很恶心，特意拿了过来，你们给我退钱。"

错误示例："因为是有机栽培的卷心菜，里面有虫子也不奇怪。这恰好证明菜没有使用农药，可以放心食用啊。如果是我的话，把那张叶子去掉就好了，您夸张了吧。"

应对范例："尊敬的顾客，给您带来不快，我们非常抱歉。您说您购买的卷心菜里面有青虫，是吧。给您添麻烦了，马上给您退款。不好意思，请您在这个文件上写上您的姓名和电话号码。"

要点解说

　　面对顾客认为蔬菜里有虫子的投诉时，在应对范例中，店员体会到了顾客在厨房尖叫的心情，并道了歉。与此相对，在错误示例中，店员说自己对这个完全不在意，是顾客夸张了，给人以嘲笑顾客的感觉。害怕虫子的顾客短时间内都不想再看见卷心菜，可即便是讨厌触碰卷心菜，还是将卷心菜拿回了店里，对此我们要表示感谢并做好相应的处理。

　　从莴苣、菠菜、西蓝花、白菜、小青辣椒到青椒，在少农药蔬菜和有机蔬菜上，有时会发现青虫等的幼虫、蚜虫、蛞蝓、小雨蛙，以及虫眼、虫的粪便等。

　　尤其是从虫卵孵化的早春到夏季，这样的情况会增多，我们要通过角色扮演来确定应对的方法。

案例26
有关异物混入的投诉
"海鲜盖饭的生鱼片中有鱼刺"

　　情况：一位20多岁的男性顾客投诉，午餐时购买的海鲜盖饭里有鱼刺。他没想到生鱼片中会有鱼刺，非常生气地说差一点扎到喉咙。

对话场景

顾客："今天午休的时候，我买了海鲜盖饭带回公司吃，结果发现里面有鱼刺，差一点扎到喉咙，真危险。这样我没法放心食用了。"

错误示例："啊，这样啊。我们一一确认过，可能是看漏了吧。幸好只是鱼刺，不是什么大事，以后我们会注意不让类似的事情发生。"

应对范例："非常抱歉，您没有受伤吧？在制作的时候，我们都会非常小心，但还是给您带来了麻烦。今后我们会教育员工，要求其仔细确认。感谢您的批评指正！"

要点解说

上述错误示例中，店员的观念是，鱼里面有鱼刺是再正常不过的，会注意，但这也是不可避免的事。然而，顾客认为店方在处理的时候，去掉鱼刺是理所应当的事。顾客担心如果不小心吞下了鱼刺，可能导致鱼刺扎到喉咙，或者卡在喉咙里。在应对范例中，店员加了一句关心顾客的话"您没有受伤吧？"。

案例 27

所购买的商品导致身体不适

"食用了店里购买的商品，吃坏了肚子"

情况：一位 40 多岁的女性顾客来电称，食用了从店里购买的金枪鱼，导致身体不适。虽然没有住院，但是打车去假日急诊看病，没想到是食物中毒，她非常生气。

对话场景

顾客："真是服了，我吃了刚买的食物，中毒了，这太过分了。昨天晚上我突然感觉不舒服，打车去看了假日夜间急诊。你们至少要承担医药费和打车费。"

错误示例："啊？真的是由在本店购买的商品引起的吗？您没有食用其他食品吗？或者是不是您的身体原本就不好呢？其他的顾客都没有事哦。"

应对范例："您是说在本店购买的金枪鱼导致您身体不舒服，是吧，真的非常抱歉。现在症状怎么样了？医生怎么说？我和上司商量一下，然后去您府上探望。能请您再说得详细一点吗？"

　　顾客因食用了在店里购买的商品而导致身体不适的投诉，有可能是由食物中毒引起的，因此店方要深刻地反省，并真诚地向顾客致歉，并和上司一起前往顾客家中探望。必要的时候，还要让顾客提供医生诊断书，承担其医疗费和去往医院的交通费，并申报到保健所。在上述错误示例中，店员一会儿怀疑是其他食品引起的来转嫁责任，一会儿又归咎于顾客的身体情况来逃避责任，这样无益于事情的解决。

案例28
对店中商品的保存方法的投诉
"把常温保存的商品放在阳光直射的地方"

　　情况：店员将常温保存的商品堆放在店门口，一位50多岁的男性顾客看到以后来投诉：气温在上升，你们却把商品放在那个地方，没关系吗？那是要食用的商品，你们多注意点。

对话场景
　　顾客："喂，那里的点心一直放在阳光底下没事吗？即便是真空包装的也会变质吧。那是食品，一直扔在那里不管，会堆满灰尘吧。"
　　错误示例："哦，那是特卖的优惠商品，所以移到了显眼的位置。商品不受欢迎，卖得不好。距离保质期还早，我尝了一下味道没有变化，应该不要紧的。"

应对范例："感谢您批评指正。常温保存的商品却放在了阳光直射的地方，让您费心了。关于商品存放的位置，我们马上在公司内进行商讨。"

要点解说

常温保存的商品"常温"是指保存于15℃—25℃。有些商品的包装袋上会标识"保存于阳光直射不到的地方"。很多顾客在意商品的劣化程度，如果因存放场所不合适而导致商品积灰的话，顾客就会敬而远之，这样也会影响商品的销售，从而陷入恶性循坏。另外，要引起注意的是，如果有顾客指出需要冷藏的商品放错了货架，有可能会演变成对商品管理不善的投诉。

案例 29

有关臭味的投诉

"有一股像是东西腐烂了的臭味"

情况：一位50多岁的女性顾客在店内走着，皱着眉头，询问路过的店员："是不是有什么臭味啊？"该店员一脸莫名其妙，于是顾客很恼火，觉得受到了嘲弄，要求店员好好听取顾客的意见。

对话场景

顾客："我指出你们店里有奇怪的臭味，为什么无视我的意见？你们不是应该倾听顾客的意见吗？明明有一股东西腐烂的臭味。"

错误示例："您说有奇怪的臭味，但我一点都闻不到，我想是您的错觉。如果您还是介意的话，我们要进行调查才会知道。"

应对范例："您指出我们店内有臭味，我们很不好意思。您特意为我们指正，我们的工作人员却没有好好应对，非常抱歉。我们马上进行调查并改善。如果您方便的话，能再详细说一下吗？"

要点解说

店员在店里待的时间长了就会习惯店里的气味，有时感觉不到异味和臭味。在鼻子灵敏的顾客指出有臭味的情况下，我们要感谢顾客的指正，并展现出积极改善的态度。为了找出原因，要仔细听顾客的讲述。有的是由商品引起的，有些店是厨房的排水系统导致的，也有的是拖把的清洗、除菌不充分引起的等，现实中这样的例子时有出现。

案例 30

有关工作服的投诉

"工作服的破损、污渍很明显"

情况：店方意识到了店员制服的老化，也提出要更换新制服，但还未付诸实施。一位 60 多岁的女性顾客觉得店员很可怜，于是写信给店方希望给店员发新的制服。

对话场景

顾客（来信）："我每天都会到这家店来，我对你们店员的印象很好。店员工作服的袖口和口袋有明显的开线、污渍，看上去很可怜。请你们给店员发新的工作服吧。"

错误示例："谢谢您的意见，制服是由员工保管的，我们会再次教育员工，督促其保持整洁。期待您经常光临。"

应对范例："感谢您的经常光顾。对您这次提出的，有关我们员工制服的宝贵意见，我们非常感谢。令我们非常羞愧的是，诚如您所言，我们的制服老化了，欠缺了从事食品行业的员工制服所应具备的整洁感。今后我们会逐步更换新制服，并教育员工要着装整洁、注意仪容。"

要点解说

　　这也是实际发生过的案例，到店里来的顾客关注着店员的细节。为店铺着想的顾客，看不下去了才来信。在上述错误示例中，店方认为工作服是由员工保管的，会通过教育员工来解决。这样的说辞顾客很难接受。而在应对范例中，店员立刻对顾客所指出的事项进行了核实，承认了作为食品销售人员，这样的服装不合适的事实，并表示公司会尽快采取措施进行改善。这样的答复会给顾客留下好印象。

案例 31

对找零方式的投诉

"零钱四散，不觉得很过分吗？"

情况：新来的兼职店员在收银的时候，因为找零都是零钱，所以零乱地放在了找零托盘中。结果一位 30 多岁的男性顾客很生气地投诉："找零好像是在扔钱一样，真过分！"

对话场景

顾客："不管多么小额的消费，也不该用这种找零方式吧。这样把钱扔过来，不觉得很过分吗？你们究竟是怎么教育员工的？你们瞧不起人啊，这态度算什么？"

错误示例："我没有扔钱，只是手滑了一下。我为我的失礼向您道歉。我没有瞧不起您，是您多虑了，我没有那个意思。"

应对范例："非常抱歉，我在找零的时候考虑不周，我应该好好地放零钱。如此无礼的待客方式给您带来了不愉快，我向您道歉。为避免今后发生类似的情况，我会非常注意收银的方式。"

　　越来越多的收银员在现金的处理上不讲究。有的收银员会把纸币放到顾客面前说"能一起核对下吗?",然后"一张、两张……"地数出声音;有的收银员则单手抓过钱立刻塞入收银机中。顾客所讨厌的是递钱给顾客时候弄出零钱四散的声响。顾客觉得在现金上的潦草处理是对自己人格的一种否定,会感到很不愉快。一般情况下,收银员要用双手郑重地递出钱币,实在不得已用单手的情况下,也要好好地放置。

案例 32
对店员没有笑容的投诉
"收银员没有笑容"

情况:每周至少光顾一次店铺的一位 60 多岁的男性顾客说,他不管什么时候来收银员脸上都没有笑容,待客也很机械。他批评店员缺乏服务客人的意识,说到底是工作没有干劲。

对话场景

顾客:"我每周至少会光顾你们店一次,你们的收银员脸上从来没有笑容。不会微笑,待客也很机械,基本不开口。是不是没有意识到自己是服务客人的啊?"

错误示例:"是吗? 大家都不是什么坏人,可能是一忙起来怕出错，所以变得比较认真严肃吧。我们已经反复跟员工强调笑容很重要，我们会再次提醒他们注意的。"

应对范例："谢谢您经常光顾本店。您好不容易光临本店，我们却给您造成了不愉快，非常抱歉。我们应该面带笑容、心怀感激地招待顾客。是我们教育得不到位。今后我们会教育员工真诚地、面带笑容地接待每一位顾客。感谢您提供的宝贵意见！"

要点解说

在上述错误示例中，工作人员辩解称店员是由于忙碌而变得没有表情，店方已经做过相应的指导。对于顾客提的意见，我们不应该袒护自己的店员或者为自己辩解。要对顾客的光临表示感谢，为给顾客带来不愉快而致歉，要对如何处理做出相应的承诺，要让顾客看到我们认真采取措施、进行改善的态度。

案例 33
有关制造商的问题的投诉
"巧克力变色了"

情况：一位来店消费的 30 多岁的女性顾客打电话投诉，自己购买的巧克力上面粘有像白色粉末一样的东西。因为刚买不久，所以她怀疑是次品。

对话场景

顾客："我刚买的巧克力的表面，粘有不明的物体，而且变色了。这是次品吧？你们一直卖这种次品吗？我差点就吃了，是发霉了吗？"

错误示例："哦，这位客人，那是巧克力常有的现象。天气变热会融化，然后又凝固，就会产生这种现象。这家制造商刚好在回收商品。您想要换商品还是退款？"

应对范例："我能看一下商品吗？是○○公司生产的巧克力吧。在生产过程中产生了问题，现在正在回收商品。让您特意跑一趟真不好意思。您带小票了吗？请在这里写上住址、姓名和电话号码。退您△△元，给您添麻烦了。"

要点解说

如果顾客所询问的商品是制造商正在回收的商品，店员要向顾客简单明了地做出解释。让顾客将小票和商品带来，退还其金额。如果小票遗失了，在顾客方便的前提下，留下姓名、住址等信息，然后办理退款手续。关于厂商回收商品的退款，如果须由厂商直接寄还给顾客的话，要准备好寄送地址的备忘录，并交给厂商。

7 月

案例 34
对挥着汗水烹饪食品的员工的投诉
"汗水会流到菜肴里吧?"

情况：厨房是用玻璃隔开的，从外面可以看见员工在制作副食品。一位 40 多岁的女性顾客打电话投诉，指出厨房的工作人员满头大汗，汗会落到商品里面，不卫生。

对话场景

顾客："不好意思打扰了，我今天在你们店里购买了副食品，制作人员满头大汗，我想要是汗水掉进食品中很不卫生。你们是如何教育指导员工的?"

错误示例："在这样的酷暑中，厨房的冷气不起作用，员工会出汗。我们会戴口罩，但是汗水就没办法控制了。我觉得汗水是不会掉进菜肴中的，您是不是多虑了?"

应对范例："让顾客您看到了令人不快的画面，我们非常抱歉。到底是盛夏，厨房的冷气没有效果，所以我们的员工出汗量较多。我们会指导员工通过降温工具来降温、止汗，常用毛巾擦汗，常洗手。我们会努力改善，也请您今后继续光顾本店。"

当今时代，即使是在厨房努力做菜的员工，也会受到诸如此类的投诉。有些有洁癖的顾客想到员工的汗水会混进菜肴中，就担心得吃不下去。

上述错误示例中，店员以一句"您是不是多虑了"来反驳顾客，这样顾客会很生气，再也不会光顾。我们应教育员工想办法止汗，同时应向顾客表达希望其体谅在酷暑中工作的员工的想法。

开放式的厨房让顾客一目了然，因此负责烹饪的员工要更加注意清洁卫生。

要注意帽子、口罩、工作服、装饰品、化妆（女性）、胡须（男性）、指甲的长度、手指的清洁、袖口的污渍、汗水、发型等各个方面。

案例 35

对漏放保冷剂的投诉

"这么热的天居然不放保冷剂"

情况：有些店是让顾客自己放保冷剂，有的店则是让店员为顾客放保冷剂。一位 50 多岁的男性顾客投诉说，在某店购买生食时，店员会询问"要帮您放入保冷剂吗"，然而这次店员既没询问也没放保冷剂。

对话场景

顾客："刚才在你们店买了这个商品，我在大太阳底下走了近 1 小时，担心地看了一下商品，发现里面根本没有保冷剂。豆沙水果凉粉（"豆沙水果凉粉"为日本的一种甜点。）要坏了吧？在这么热的夏天，理所应当要放保冷剂啊。"

错误示例：："尊敬的顾客，豆沙水果凉粉的话，1—2 小时没关系的。不会马上坏掉的。现在给您放保冷剂好吗？"

应对范例："非常抱歉。我们一般都会询问顾客要步行的时间，来判断放不放保冷剂。不过，在炎热的夏季，生食上确实要放上保冷剂才能放心。真的很抱歉，现在为您放保冷剂您看怎么样？豆沙水果凉粉的话 1 小时左右没关系的。"

放入保冷剂以后说"为您稍微多放了一些保冷剂"。

要点解说

顾客一般认为购买冰激凌要放干冰，购买生食要放保冷剂，这些在食品容易腐坏的盛夏时节是常识。工作人员认为食品不会立刻变质，顾客想把美食带回家品尝，由此，两者之间产生了分歧。请在顾客要带冷冻、冷藏商品回家时进行确认。在自助服务的店铺，有的顾客容易忘掉保冷剂，所以我们一定要提醒顾客。

案例 36

关于工作人员的措辞的投诉

"对待顾客的措辞很粗鲁"

情况：做现场演示销售的 S 先生爽快地和顾客搭话，但是措辞有些粗鲁。一位 50 多岁的女性顾客批评道："店员的'这个好吃的哟''为什么不买呢？'这种说话方式有些过分。他把顾客当作什么了？"

对话场景

顾客："现场演示区的店员以不拘谨的措辞说着'这个好吃的哟''为什么不买呢？'，你们把顾客当作什么了？"

错误示例："他想要表现得热情一点，所以语言上稍微粗鲁了一些吧。这里不是商场，也有的顾客喜欢不太拘谨的说话方式。我们会提醒其本人以后注意言辞的，对不起！"

应对范例："店员的措辞给您带来了不愉快，我们非常抱歉。可能其本人误认为这样是较为亲近的待客方式吧。我是这个卖场的负责人，我叫△△。为避免以后发生类似情况，我们会严肃教育工作人员注意措辞和待客态度的。我们由衷地感谢您提出的宝贵意见！"

要点解说

无论与客人之间的关系如何亲近，店员也要避免使用朋友之间的说话方式。另外，像"的哟""为什么不买呢"之类的说法有时听起来比较粗鲁，句尾一定要使用敬语。"这里不是商场""用朋友之间的说话方式显得亲近"，这些理由听起来就是辩解，要加以注意。

案例 37
有关找零的投诉
"我刚刚明明给的是 1 万日元"

情况：在傍晚人多的时候，一位 40 多岁的男性顾客在收银台因找零问题与收银员产生了争执。顾客说他给了 1 万日元，而收银员表示很困惑。

对话场景

顾客："你找的钱不对，我给了你 1 万日元，你找的钱不到 5 千日元，你仔细看看。我赶时间，你能不能快点？我确实给了你 1 万日元，你自己放入收银机的，你忘了吗？"

错误示例："尊敬的顾客，您确定给了 1 万日元吗？我觉得您给的是 5 千日元，不对吗？请让我再确认一下。哎？真的是 1 万日元吗？"

应对范例："非常抱歉。尊敬的顾客，耽误您时间了，请让我关闭收银机来核对一下金额。如果您赶时间，请留下姓名和电话号码，一经核实我立刻联系您并给您退款。不能立刻给您答复，十分抱歉。请您务必予以理解！"

有很多店铺规定，收银员在收取大额纸币时，不要立刻放入收银机，要用夹子暂时固定住收银机，等到结账完毕后再收好。这是因为自从不同额度的纸币大小变得差别不大以后，有时会因顾客是否给的是1万日元纸币而产生争执。此外，还会发生瞅准收银员没有确认钱币就放入收银机的机会，坚持说自己给了1万日元纸币的诈骗事件。在不确定的时候，收银员应关闭收银机，对收入的金额和现金进行核对，核实金额以后再找零，还应在收银小票上标记顾客给的金额。

案例 38

有关节电、空调等的投诉

"店里很热""照明灯底下很热"

情况：盛夏酷暑之际，某家店找机会节电，一位50多岁的女性顾客向店员投诉，说店里太热了，尤其是卖场里部分聚光灯底下非常热，她因此失去了购物的欲望。

对话场景

顾客："这家店为节约用电变得这么热？还是空调坏了？我们来购物搞得浑身是汗，太奇怪了吧。快点修空调啊，不然我就去其他店了。"

错误示例："尊敬的顾客，请您配合我们节电。那边的聚光灯底下温度会有些上升，您最好移步。我们也向上级反映过，但是温度还是没降下来。"

应对范例："非常抱歉。您是说店里面温度高，不舒服，是吧。我去跟空调负责人核实一下。""非常抱歉，现在整个场馆在进行调节，据说很难做到只降低我们这边的温度。本店在实施节电，我们会建议重新考虑酷暑时节的节电方案。感谢您提出的宝贵意见。"

要点解说

任何商业设施都想节电，另一方面，近年来因气候异常而酷暑持续不断。即使让顾客感到不快也不降温的话，会缩短顾客停留的时间，从而对购物产生影响。在上述应对范例中，可以看出店员倾听了顾客的意见，并很有诚意地进行了处理。而在错误示例中，店员说自己也觉得很奇怪，自己提的意见没有起作用，这听起来似乎是在抱怨。

案例 39
有关中元节的商品受理失误的投诉
"礼签上的名字写错了"

情况：一位 40 多岁的男性顾客拜托店方包装中元节的礼品。他希望当天带走，要求在礼签上写上其名字。于是店员用毛笔写上了其名字，拿给顾客一看，发现名字写错了，顾客生气地责问店员怎么会写错。

对话场景

顾客："搞什么啊，名字写错了。吉田的吉不是'土'下面加口，而是武士的'士'下面加口啊。我特意写给你看了，你怎么就搞不懂呢？"

错误示例："对不起。您一开始这么讲的话我就明白了啊。我没有注意到，我给您重写，请您稍等。您赶时间吗？我写快点。"

应对范例："非常抱歉。是我没有确认清楚。耽误您时间了，很抱歉。我马上给您重写。"（重新写好）"这个'吉田先生'写得对吗？那我给您放上礼签，包装好。把您的名字搞错真是太抱歉了。让您久等了。"

要点解说

顾客要求在礼品的礼签上写的名字，对于顾客本人来说，都是有恩之人等重要人的名字。如果名字写错，会让顾客蒙羞。首先，要让顾客在便签纸上写上正确的名称（人名或者公司名），然后再照着写，并且要让顾客核对。还要询问顾客礼签是内签还是外签（包装纸的内侧和外侧）。

案例 40
关于礼签上签名的投诉
"礼签上的字很丑"

情况：一对 30 多岁的夫妇希望在礼品上附上礼签，并拜托店员在礼签上写名字。字写得漂亮的店员休假了，于是该店员自己动手写了。结果字写得像小学生一样，顾客训斥道："这种字怎么送给对方?!"

对话场景

顾客："这是什么啊？像小学生写的。写得这么难看，你也好意思拿出来。不觉得难为情吗？你们没有印刷设备吗？还不如打印呢。"

错误示例："对不起。字写得漂亮的店员今天休息。这样不行，是吧。本店没有印刷设备，对不起，那您说怎么办好呢?"

应对范例："非常抱歉。要是有可以打印的电脑就好了，不巧的是本店没有。很抱歉我的字写得不好。我去找其他字写得好的员工来。能稍微耽误您一点时间吗？抱歉让您久等了!"

近来，越来越多的店用电脑为顾客的礼签打印签名。但遗憾的是还有些店不具备这个条件。在这些店铺，当顾客要求店方帮忙写礼签的时候，工作人员要先在其他地方写给顾客看一下，然后问顾客"这样行吗"来征得其同意。如果字写得幼稚难看，会让顾客蒙羞。如果顾客提出"字写得再漂亮一点"，可以让写字漂亮的其他店员来写，或者让顾客自己动手写。

案例41

关于配送的投诉

"对方还没有联系我，礼品送到没有啊?"

情况：一位60多岁的女性顾客来到客服中心，说她买了中元节礼品送人，一般对方收到以后会立刻电话联系她，但这次到现在也没有联系。前后已经过了一周时间，理应送到了，希望店方能查询一下。

对话场景

顾客："上周我在你们店寄出了中元节礼品。以往对方都会打电话告诉我礼品已收到，但这次到现在还没有来电话。很奇怪呀，不知道收到了没有。这是送货单，能查到吗?"

错误示例："啊，一周以前? 是不是物流太忙，送晚了?

不是生食吧，对方的收件箱之类的地方会不会有呢？对方会不会家里长时间没有人呢？"

应对范例："非常抱歉。您的送货单我暂时保管一下。这里的收银台可以确认信息，我查询一下。"（打电话询问）"查到了，前天、昨天送货上门的时候，对方都不在家，今天会再次送货。送货员已经打电话确认了对方今天在家，所以我想今天应该能收到。非常抱歉我们送货送迟了。"

要点解说

在中元节等商品的配送方面，有时顾客会要求提供售后跟踪服务，例如一般收到礼品就会电话联系送礼方的人，至今还未联系的情况，作为送礼方的顾客希望查询一下商品是否送达。有的店配有通过 POS 机就能查询是否已配送的系统，有的店则要通过送货单号向送货公司查询。要及时为那些特意到店里来查询的顾客，查清楚配送的进行阶段，并告知顾客。

---

8 月

案例 42

关于工作人员服装的投诉
"穿得像是要去海边的房子度假一样"

情况：某兼职人员晒得黝黑，穿着背心和短裤，赤脚穿着凉鞋，围着围裙站在店里。一位50多岁的女性顾客看到以后，指出店员打扮得像是要去海边一样，太没礼貌了。

对话场景

顾客："那位店员有点过分了吧。穿成那样来工作，你们为什么不提醒他？那是暑假去海边度假的打扮吧。让这种玩世不恭的人站在店里，你们无所谓吗？"

错误示例✗："您这么一说确实如此啊，但如果我们批评他导致他辞职的话，我们就难办了。一会儿我去跟他讲。哪怕天再热，穿成这样也太过分了。对不起！"

应对范例●："诚如您所言，他穿一身像是去游玩的服装。是我们教育不到位。我们会严肃教育他，让他分清公私场合。为了避免今后员工的服饰、仪容给顾客带来不快，我们会重视这个问题。感谢您的批评指正！"

要点解说

在员工轮流休假的时节，店方要注意员工的服装、仪容是否端正，工作态度是否认真。尤其是食品卖场，顾客对店员的卫生问题很敏感。要检查店员的指甲是否过长，有没有涂抹指甲油。对于像背心那样单薄的服装，年长的顾客会指责"店员穿着内衣在工作"。店方要教育员工着装要合理。

另外，近来常看到一些时尚的身上有文身的兼职人员，这在服务行业是禁止的。实在不得已的情况下，要让员工穿长袖、长裤，以免文身裸露在外面。

案例 43

有关产地直送的商品的投诉

"商品总也不见送达，送货单你们有没有发出去啊?"

情况：一位 40 多岁的女性顾客订购了中元节产地直送的冈山县产的桃子。在订货的时候，相关工作人员向其解释，在 8 月上旬由产地直接发货，所以无法指定送货日期。但是该顾客还是来店里催促"商品总也不见送达"。

对话场景

顾客："我在 7 月订购了中元节的冈山产的桃子，桃子总也不见送来，送货单你们发出去了吧? 到底要我等到什么啊?"

错误示例："产地直送的商品我也不太清楚啊。商品不送到店里来，是由产地直接配送的，所以我们也不能说什么。您订的是 8 月上旬，我想在那之前大概就到了。"

应对范例："产地会在 8 月上旬收获当季的桃子，然后发往买家。产地直送的商品有其特殊性，所以无法约定送货日期。如果过了 8 月上旬商品还未送到，请您告知我们，我们会询问产地。非常抱歉，我们没有跟您解释清楚。"

要点解说

　　产地直送的冈山产的桃子之类的商品，即便和顾客解释清楚要 8 月上旬才能送达，也会有顾客前来询问。由产地在当季直接发货的商品，受到天气、生长情况的影响，送货时间确实有时会有些出入。我们要让店铺负责人联系产地负责人，询问生长情况和大概的送货时间，然后答复顾客。另外需要注意的一点是，关东地区的中元节在 6 月下旬至 7 月 15 日，过了这个时节，就到了暑中问候（盛夏时节，问候亲朋好友安康与否）的时候了。而关西地区的中元节是在 7 月下旬至 8 月 15 日。

案例 44
被怀疑偷窃的顾客的投诉
"保安跟踪我"

　　情况：在暑假期间加强了安保的店铺里，一位 20 多岁的女性顾客来电投诉，称自己被保安跟踪了，明明没有做什么奇怪的举动，为什么会被跟踪。该顾客非常生气。

　　对话场景

　　顾客："这家店给我的感觉太糟糕了，把我当作小偷，还让保安跟踪我。你们太没礼貌了，真让人生气！只有下跪道歉才能平息我的怒火。"

　　错误示例："对不起。保安给您带来了不快，我来联系保安负责人，您稍等。啊？下跪吗?! 这个就难办了。"

应对范例："给您造成了不快，我们十分抱歉。您是说保安跟踪您了，是吧，真是不好意思。不巧的是，今天负责人出差不在店中。等他明天来上班，就给您打电话，我们会前往您府上致歉。我叫△△，能请您再说得具体一点吗?"

要点解说

这是一位被误认为是小偷，生气地要求店方下跪道歉的顾客，这种情况下我们要采用"三变法则"，即改变人员、改变场所、改变时间，最好再去顾客家中拜访、致歉。在核实清楚情况的基础上，第二天与保安负责人、卖场负责人进行协商，联系顾客并前往顾客家中拜访，以解决问题。如今或许是受电视节目的影响，有的顾客会要求店员下跪道歉，但我们不需要这样做，而是进行真诚的致歉。

案例 45
对训斥孩子的工作人员的投诉
"为什么孩子必须赔偿打破了的商品?"

情况：一个在售酒的柜台周围来回奔跑的孩子打破了酒瓶，店员要求闻讯赶来的孩子的母亲——一位30多岁的女性顾客赔偿破损商品。结果这位顾客恼羞成怒。

对话场景

顾客："为什么必须赔偿？孩子活泼好动是很正常的，你们在过道里摆放易碎商品，这是你们的错。那里也没有明文规定弄坏了要赔偿啊。再说了，孩子没有错，错在你们!"

错误示例："对不起。但是，您孩子打破了商品是事实，赔偿是做父母的责任。这酒已经无法出售了，您要是不赔偿，我们很难办啊!"

应对范例："您孩子没有受伤吧？商品促销的时候过道会变窄，为了不给其他顾客造成麻烦，请不要在过道奔跑。我们在商品摆放上也存在问题，对于损坏的商品，这次就由我们来处理。但下次就要由您来赔偿了，请您一定要注意。"

要点解说

我们首先要确认孩子是否受伤，然后对过道狭窄的情况给予解释，请求顾客的配合。最好贴出 POP 提示顾客"易碎商品，敬请注意。如果有损坏，照价赔偿"，或者引导顾客"易碎物品容易造成伤害，很危险，请您前往开阔的区域"。

案例 46
对兼职人员的不当行为的投诉
"将躺卧在食材上的照片传到了网上"

情况：兼职人员，躺卧在存放食材的冷藏室中，并且把躺在食材上的照片传到了 SNS 上。偶然看到这张照片的一位 30 多岁的男性顾客很生气地投诉：拿食物来消遣，你们是如何教育员工的？

对话场景

顾客："这是你们店里打工的吧，穿着鞋子就进入厨房的冷藏室里，躺卧在食材上，还把照片上传到了博客中，实在是既不卫生又不道德。你们是如何管理、教育员工的？"

错误示例："那是我们店的员工吗？我没见过我们员工做这种事，其他店我倒是听说过。顺便问一下：您是在哪里看到的照片？我核实一下。"

应对范例："您是说兼职人员在我们店的厨房里拍摄了不当照片，并上传到了网络上，是吧。给您造成了不愉快，同时也产生了卫生问题，我们非常抱歉。是我们教育不到位，感谢您批评指正。我会尽快核实情况，并迅速予以处理。能请您再说得详细一点吗？"

要点解说

近年来，SNS 上时常会出现在便利店、餐饮店打工的大学生恶作剧的照片，并且有很多人争相效仿。如果发现类似的情况，我们要以坚决的态度来处理。这反映了员工的道德问题，同时也产生了卫生问题，要立刻向上级汇报，并对这类员工予以责罚。最坏的情况下，要在报纸、主页上打出致歉广告，同时要追究当事人的责任。

案例 47
不按顺序排队的顾客
"我就买一件商品，有什么关系呢?"

情况：在繁忙的周六傍晚，一位 10 多岁的顾客想要插队到其他顾客的前面去，店员制止道："请您排队。"结果该顾客反过来理直气壮地说道："我赶时间啊，就买一件商品有什么关系呢?"

对话场景

顾客："我就买一件商品，很快就完了，因为赶时间才要插到前面去。和买五件、十件商品的人排同一个收银台，排很久也轮不到我。让所有人都排同一个收银台，是你们店方的做法不对。"

错误示例："其他的顾客都在排队，不好意思，也请您排队。要按顺序来，如果您赶时间我们尽量快些收银。因此，还是请您去排队。"

应对范例："人非常多，给您造成不便了。我们会按顺序加快收银的，不好意思，能请您去排队吗? 无论对哪位顾客，我们都会请求他去排队的。另外，如果有专门服务购买一两件商品的顾客的收银台确实比较方便一些。感谢您提供的宝贵意见，我们会在公司内进行讨论的。"

"先来的客人优先"是招待客人必须遵守的原则。在人多的时候，要注意是否存在有损排队顾客利益的行为。在对顾客提出要求的时候，使用"无论对哪位顾客，我们都会请求他去排队的"这句话，可以有效地让顾客进行配合。关于设置专门服务仅购买一两件商品的顾客的收银台的建议，我们要以"会在公司内进行讨论"的积极态度来说服顾客。

案例48

关于分店的投诉

"前几天我去了你们的○○店，那里的服务很差"

情况：一位最近去过分店的 40 多岁的男性顾客来到店里向收银员抱怨，说该分店的服务很差。而收银员表现出一脸"又不关我的事"的不耐烦的表情。

对话场景

顾客："上周我去了你们的○○分店，那里服务不太好。店员不打招呼，我想购买的商品断货了，问他们什么时候进货，他们也不查询一下，就对我说不知道。"

错误示例："对不起，其他分店的事我也不太了解。那家分店刚开业，在待客方面做得还不到位。我没有去过那家分店，我跟上司反映一下。"

应对范例："非常感谢您特意去了本公司旗下的其他分店。谢谢您提出的宝贵意见。他们的服务不周到，我代他们的负责人向您表示歉意。虽然我们还有很多不周到的地方，我们仍然希望您今后多多关照我们。我会将您的意见转达给那家分店的。"

要点解说

在卖场不仅会收到关于自己店铺的投诉，有时也会收到关于分店服务方面的投诉。这时，我们不应该反驳，或者无视顾客在这方面的投诉，而应该以"感谢您提出的宝贵意见，我会转达给该分店的负责人，并敦促其进行改善"的积极的态度来应对，这样才能给顾客留下好的印象。对顾客不仅光临本店，同时还光临分店的行为，我们要心怀感激之情。

案例 49
在店里吃冰激凌的顾客
"为什么不能在这里吃冰激凌?"

情况：一位 20 多岁带着孩子的顾客，在店里堂而皇之地吃着冰激凌。担心奶油掉下来，粘在商品或者其他顾客衣服上的店员提醒其注意，结果该顾客恼火地反问为什么不能吃。

对话场景

顾客："这里买的冰激凌，为什么不能在店里吃？又不能带回家，我只能在这里吃啊。带回家之前就会融化了啊。"

错误示例："过道上禁止饮食，所以请您不要在这里吃冰激凌。如果冰激凌化了，掉在地板上怎么办？您可以到有座椅的地方食用。"

应对范例："感谢您购买本店商品。非常抱歉，今日温度上升，冰激凌很容易化掉。如果弄脏了您的衣服就不好了，所以请您移步到有座椅的地方，坐着食用吧。另外，店内不允许饮食，希望您能配合。"

要点解说

上述事例中，店员在卖场看见了一位在购物过程中购买了食物，并在店内边逛边吃的顾客。虽然在过道等公共场所是禁止饮食的，但比起上述错误示例中向顾客强调禁止饮食的方式，应对范例中采用的请求顾客予以配合的语气，担心弄脏顾客衣服这样温和的劝说方式，会让顾客更容易接受。如果顾客接受了劝解，我们还应加一句"感谢您的配合"。

案例 50

关于售货员人数的投诉

"相对于顾客的数量，售货员的人数太少了"

情况：一位 50 多岁的男性顾客在人流高峰期来到店里，

他指出为什么那么多收银台不开，相对于顾客的数量，工作人员的人数太少了。受到指责的店员表现出一脸"又不是我们的错"的为难的表情。

对话场景

顾客："喂！有那么多收银台，为什么没有工作人员？就是因为相对于顾客的数量，工作人员的人数太少，才要排这么长的队。最好再增加些人员啊！"

错误示例："对不起。不过，这是公司的经营方针，我们也不好说什么。而且，不可能马上增加工作人员。招人不是那么容易的。"

应对范例："非常抱歉让您久等了。因为有部分工作人员暑假轮休，我们人手不足给您造成困扰了。今后我们会注意人员的配备，尽量避免出现人手不足的情况。感谢您的宝贵意见。我一定会向上级反映。希望今后您继续光顾本店！"

要点解说

在上述错误示例中，店员向顾客暴露了公司内部情况，听起来像是在抱怨。要像应对范例中那样，对让顾客等待一事致歉，对顾客的提议表示感谢，要请顾客谅解员工暑假轮休的情况。另外，顾客是出于好意而提的建议，不要一个劲地说办不到，而应该提出向上级反映，并进行公司内部讨论，这样也保全了顾客的颜面。

3 秋季多发的投诉

9 月

案例 51

关于包装的投诉

"为什么帮前面的顾客装袋，却不帮我装?"

情况：由于店里不忙，收银员为排在前面的顾客将商品装袋。随着顾客不断地增多，收银员拜托后面的顾客自行装袋。一位 20 多岁的顾客为此很生气，指责收银员为什么帮前面的人装袋，却不帮自己装袋。

对话场景

顾客："我还以为也会帮我装袋。帮我前面的人装，为什么不帮我装？这是差别对待啊，前后只不过差了一点时间啊。我的塑料袋很难打开，你要是帮我装就好了。"

错误示例："对不起。因为人多了起来，我考虑到其他的顾客，不自觉地就着急起来。我对您没有恶意。帮忙装袋的服务，一般我们只针对年长的顾客。"

应对范例："真的很抱歉。我不该只为您前面的顾客装袋，应该也为您服务。辜负了您的期待，我非常抱歉。原本是由顾客自行装袋的，我考虑到为了尽快完成收银作业，所以尽量多地去帮助顾客装袋。以后您尽管吩咐。"

要点解说

上述错误示例中，店员向顾客辩解，店里原本就规定由顾客自助装袋，所以收银员不会一直为顾客装袋，只为年长的顾客装袋。与此相对，在应对范例中，店员诚恳地向顾客道了歉，并承诺以后会改进，请顾客随时吩咐。

对于工作人员来说或许是很小的一件事情，但在顾客看来可能就是被差别对待了。我们要注意尽量平等对待顾客，能为顾客服务的就主动为顾客去做。

案例 52
对过了保质期的商品的投诉
"冷冻食品的保质期已经过了"

情况：一位30多岁的女性顾客购买了两件冷冻食品，加温食用以后发现包装袋上的保质期已过。因为刚买的商品就过了保质期，该顾客带着商品的外包装、未开封商品和小票，气势汹汹地来到店里。

对话场景

顾客："喂，这是我昨天刚买的冷冻食品，已经过了保质期。你们店为什么会出售这种商品？你们要好好检查商品啊。不仅我吃了，我的孩子也吃了。要不要紧啊？"

错误示例："我们每天都会检查商品的。真的是昨天才买的商品吗？您带小票和商品了吗？哦，保质期只过了半个月，没关系的。我退还您两件商品的金额吧。"

应对范例："我们出售过了保质期的冷冻食品，非常抱歉。我们每天都会检查商品的保质期，并回收接近保质期的商品。这次是我们检查不到位，给您添麻烦了。不好意思，我能看一下小票和商品吗？我退还您两件商品的金额。万一您孩子有什么不舒服，请您联系我们。"

要点解说

上述错误示例中，店员对心怀忐忑的顾客表示怀疑，答复也很随意，显得毫无诚意。而在应对范例中，店员对在保质期检查上的疏漏表达了歉意，核实商品后退还了金额，同时附带了一句"万一您孩子有什么不舒服，请您联系我们"，给顾客吃了一颗定心丸。虽然因食品废弃问题，业界有重新评估保质期的倾向，但出售方还是要严格把控食品的保质期。

案例 53
有关实物与照片不符的投诉
"和传单上的照片的差距很大"

情况：传单上登载了秋季推出的牛排便当的照片。一位刚刚购买了便当的 30 多岁的男性顾客前来投诉，说实物中的牛排要小一圈。而且没有标明产地，底部的标识上显示的是"拼接肉"。

对话场景

顾客："打扰一下。我是看了传单上的广告来店的，我怎么觉得这个肉要比传单上小一圈。而且这牛肉是哪里的牛肉，没有标识出来。"

错误示例："肉的克数应该是一样的，或许是跟传单上的装盘方式不一样吧。牛肉标识上写着拼接肉，是什么意思？没有产地标识啊。"

应对范例："您是说实际的肉比传单上小，是吧。从标识上看牛肉是拼接肉，是由人工将牛的生肉和肥肉拼在一起，整合成形的，其特点是肉质柔软、易于食用。传单上印的牛排是斜切的，装盘也有些不同。如果您不满意的话，我给您更换其他商品吧？"

当顾客投诉便当里的实物、分量与传单不相符的时候，要将传单和实物对比并进行解释。除了烹饪方法、拍摄手法导致的差异外，如果出现由于原材料涨价而临时用其他食材来代替的情况，要事先附上 POP 来通知顾客。另外，因为拼接肉的特殊性，所以拼接肉不用标识产地。但顾客会询问商品的食材和原材料，为此我们要掌握一些商品的知识。

案例 54

有关商品脱销的投诉

"看了传单才来买的，结果却售完了"

情况：一位 40 多岁的女性顾客看了传单后，傍晚来店购物，但是她的目标商品已经卖光了。她生气地投诉："上午不来买就卖光了？这下我晚饭的菜单也要换了。"

对话场景

顾客："已经卖完了？上午不来就买不到了？既然是特卖商品，那应该多备些货啊。这么快就卖光了，我不能接受。你们要为下午来的客人补货。"

错误示例："不好意思，传单上的特卖品数量有限，已经脱销。近来关注传单的人增多了，所以商品很快就脱销了。

顾客您最好也提早一些来。"

应对范例："难得您看了传单光临本店，商品却早早地脱销了，非常抱歉。特卖商品的数量是限定的，已经卖完了。△△商品的话，还有些货，您看怎么样？还有□□商品，三个一组的还有少量剩余。这款商品不能单卖。请您谅解！"

要点解说

很多顾客通过查看传单来决定要购买的商品，然后再前往店里选购。有时人气商品、优惠商品在中午之前就会售完，下午光临的顾客会因购买不到想要的商品而感到失望。对购买不到商品的顾客要表达我们的歉意，由于数量有限，应建议顾客提早前来购买。有的顾客需要某商品来做食材，这时我们在确认其所需商品的基础上，可以向顾客介绍其他替代的商品。

案例 55
顾客长时间地发牢骚
"前几天由于快递迟迟不来……"

情况：一位 70 多岁的女性顾客来到客服中心，长时间地抱怨店里的商品和服务。而在她身后，来咨询停车券等服务的顾客已经排起了队。

对话场景

顾客："前几天快递迟迟不来，使得我晚饭的准备工作做晚了。前天好像还打了电话。你们总是送得很晚。我跟隔壁的太太一说，她说'我家也是这种情况'，说还是女儿买了带回家要更快一些……"

错误示例："尊敬的顾客，不好意思，您的要求是什么呢？其他客人还在等着，可以让其他人先来吗？啊？我是说，我知道您的不满了，您希望我们怎么做呢？"

应对范例："不好意思打断您一下，这边的客人似乎比较着急，我能先听听他的要求吗？""让您久等了。感谢您让其他顾客先咨询。您是说您订的快递总是送得很晚，是吗？那是因为快递无法指定送货时间。您今天是要把商品带回去吗？不论您选哪种方式，我们都会满足您。"

要点解说

上述场景中，顾客长时间地抱怨由于快递不能指定送货时间，用起来很不方便。针对这一情况，上述应对范例中，工作人员采取了征求顾客的同意，让后面的顾客先进行咨询的方法。按先来优先的原则处理投诉固然重要，但当遇到像这位顾客那样还没整理好自己的想法，需要花费时间来判定其投诉主旨的情况，可以在征得该顾客同意的前提下，先处理其他顾客的咨询。

案例 56

商品掉落在收银台上

"掉下来的商品，你就这么放入购物篮中?"

情况：收银员在接过顾客购买的酸奶的瞬间，酸奶掉落在了收银台上。一位 30 多岁的女性顾客看到收银员若无其事地将酸奶放入了购物篮，她很生气地指出，掉落的酸奶也不查看一下就放了进去。

对话场景

顾客："喂！刚刚酸奶掉下来了啊！把掉下来摔坏了的酸奶就这么放进购物篮，简直令人难以置信！理所应当要给我换成新的吧。"

错误示例："啊，对不起。我去更换商品的话就要让您等待了，我是想姑且先放入购物篮中比较好。您如果想要换新的商品，那我去拿给您。"

应对范例："非常抱歉。我没拿稳让商品掉了下去，真对不起。我马上给您去拿新的，请稍等！""让您久等了。是我服务不周，十分抱歉。今后我一定小心拿放商品，如果发现问题及时更换新的商品。给您添麻烦了！"

收银的时候，如果顾客购买的商品掉落在收银台上，最好检查一下商品，或者更换新的商品。如果是酸奶掉落的话，会倾洒、变形，使得水分溢出，从而影响口感。我曾在某家店铺，目睹过一位顾客撞到了酸奶的货架，导致一件商品掉落在地板上的情景。该卖场的经理向店员使了个眼色，让其处理掉酸奶，并且关切地询问顾客"您没事吧"。

案例 57

对拥挤不堪的收银处的投诉

"收银处人多拥挤的时候，店员的引导不恰当"

情况：店里繁忙的时候，收银处排起了队。店内广播指示工作人员增开收银台。然而，由于店员的引导不恰当，排在队伍后面的顾客反而先结账，一位 20 多岁的男性顾客吵嚷着说这不公平。

对话场景

顾客："明明我们这边是排在前面的，这算什么？增开收银台的时候，理应让排在前面的人先过去啊！你们是怎么工作的？看清楚些。"

错误示例："啊，对不起。顾客您是先来的吗？那么，您在这位顾客后面结账吧。店内广播突然要求我们来收银，我刚来，没看清楚。"

应对范例："非常抱歉。您排在前面，我却没有注意到，很抱歉。不好意思，能否请您再稍微等一等？下一个我就喊您，请在这稍等。""让您久等了。为避免今后再发生类似的引导失误，我们全体工作人员都会更加认真地对待。"

要点解说

上述场景中，卖场的负责人为了缓和收银拥挤的情况，好不容易通过店内广播命令店员增开收银台。然而遗憾的是，对排队的顾客的引导不当，导致顾客投诉。负责引导的人员首先要判断该从哪里开始引导，为了公平起见，应该从排在队伍前面的顾客开始引导。在搞不清谁排在前面的情况下，说"排在前面的顾客，您先请"，该顾客自然就上前了。

案例 58

对店员在工作移交方面的投诉
"我拜托给你，你就要负起责任去做"

情况：一位 60 多岁的女性顾客想要带着包装好的商品和牡丹饼回家，店员拜托其他工作人员帮忙包装，结果惹怒了该顾客。顾客抱怨道，她拜托这位店员进行包装，而这位店员却推给了其他人。

对话场景

顾客："既然拜托你来做，那你就应该负起责任去做。为什么要喊别人来做？我是托付给你的吧？你这样做，小看人啊。"

错误示例："对不起，我是觉得这样做会快一些，比较好。但您要是介意的话，那我就来包装。我完全没有别的意思。要是惹您不高兴了，我道歉。"

应对范例："非常抱歉。我以为那样可以节省您等待的时间，是我自作主张让其他店员来帮忙的。我应该先跟您确认一下可不可以让其他人来帮忙。是我考虑不周，给您添麻烦了。""让您久等了。您看这样行吗？能请您查看一下吗？"

━━ 要点解说 ━━

> 有些顾客不喜欢在被接待的过程中，由其他店员插进来帮忙，因为他们不清楚其他店员会不会按照他们的要求去做。我们不能因为其他店员空闲，就轻易地拜托别人来帮忙。要向顾客询问"包装交给这位店员来做可以吗？"，在征得顾客同意的前提下，才能通过相互合作来缩短顾客等待的时间。

10 月

案例 59
对商品的新鲜程度的投诉
"鱼的颜色不好，是不是不新鲜了?"

情况：某店铺更换了照明设备，一位 50 多岁的男性顾客立刻跑来询问卖场里的鱼是不是不新鲜了。店方告知采购本身没有变化，是照明设备导致的，才得到了顾客的谅解。

对话场景

顾客："今天的鱼颜色不好，是不是不新鲜啊？新鲜的鱼是哪种？妻子每天都让我上这儿来买鱼，如果你们每天进的货品质不一，就让我为难了。"

错误示例："我们的供货方没变，负责人每天都从鱼市送来新鲜的鱼。至于鱼的颜色不同，是不是您多虑了？我看不出有什么不同来。"

应对范例："您是说鱼的颜色不好，看起来不新鲜，是吧。尊敬的顾客，非常抱歉，前天我们进行了照明施工，更换了一部分照明设备。鱼看起来颜色不一样，或许是照明设备不一样导致的。我立刻跟负责人进行核实，要求其改回原来的照明。如果您愿意，我帮您把您想要购买的鱼拿到看得更清楚的地方查看一下，好吗？"

　　鱼的新鲜程度是通过鱼眼、鳃，以及腹部的鼓胀程度等来判断的，也有很多客人会根据鱼的颜色来判断。如果有顾客指出鱼的颜色不对，看上去不新鲜，最好先确认一下店里的照明情况。照明会对生鲜食品的销售产生影响，因此要对照明是否合适进行再次确认。即使是冷柜中的商品，摆放的位置不同也会影响其销售额，因此建议每天都要对商品的摆放位置和照明进行确认。

　　顺带提一下鉴别鱼的新鲜程度的依据：鱼眼是否水灵灵的、不发红，鱼鳃的颜色是否呈鲜红色，鱼皮是否新鲜、有光泽，腹部是否鼓胀等。判断一条鱼是否新鲜的要点为，它是否带有微微的海边的气息，有没有腥臭味。

案例 60

有关商品损坏的投诉

"蔬菜烂了"

情况：一位 30 多岁的女性顾客购买了菠菜，来店投诉说菠菜烂了一半，不能吃了。她指出天气不好、连降大雨导致蔬菜价格高涨，希望店家能出售像样点的商品。

对话场景

顾客："前天我买了菠菜放冰箱里，准备第二天在家煮着吃，结果发现一半都烂了，只能扔掉了。蔬菜价格那么高，你们不应该出售快要腐坏的商品。"

错误示例："对不起。因为是生鲜食品，谁都无法预料吧。另外，这样的大雨导致叶菜收成不好，很难进货，我们也不容易。我会跟采购负责人说的。"

应对范例："非常抱歉。您购买的菠菜有一半都不能吃了，我们深感歉意。大雨导致蔬菜价格高涨，我们没能仔细检查商品，给您添麻烦了。您带小票了吗？我给您退款。今后我们尽量仔细检查商品，以让顾客放心购买。"

要点解说

　　天气不好，或者长期降雨、大雨等，会对蔬菜的供给和品质产生影响。在上述错误示例中，店员辩解因为是生鲜食品，所以没有办法，商品采购不容易，这种袒护自己人（采购负责人）的说法很容易招致顾客的反感。在应对范例中，店员解释了情况，求得顾客的谅解，同时以退款的方式进行了处理。在对损坏商品做退款处理的时候，多数情况下顾客会将商品丢弃，店内最好出具相关规定，以便员工能够沉着应对。

案例 61
有关国外产的农产品损坏的投诉
"中国产的松茸坏了"

情况：一位 40 多岁的女性顾客购买了中国产的松茸，打算做松茸饭，结果发现松茸坏了无法食用，于是带着小票和松茸来到店里，投诉没能享用到难得的秋季的美味，真是倒霉。

对话场景

顾客："我买了中国产的松茸，想要做松茸饭的，结果发现松茸里面空空的，都变黑了。因为商品坏了，希望你们退钱。你们店居然出售这种次品，我在这里无法放心购买任何商品了。"

错误示例："对不起，国外产的松茸相对于日本国内产的，会经常发生类似情况。味道有不同吗？您购买以后放哪里保存的呢？有没有放冰箱呢？"

应对范例："您好不容易购买的松茸是坏的，我们深感歉意。时节不同，上市商品的产地也会不同。产地不同，运输时间和保存天数也会不同，从而导致商品的质量、香味有所差别。感谢您带着商品和小票前来。给您更换新的商品或者退款，您想选择哪一个呢？"

要点解说

　　近来，由于日本国内产的松茸价格高涨，店里多了许多国外产的松茸。运输、保存的时间一长，松茸就会变干燥，菌伞会打开，香味也会变淡，有时也会变质。因此，我们要仔细检查，事先出台相应的退换商品和退款的规定。在上述错误示例中，店员辩解因为是国外产的，这种说法会让顾客认为国外产的商品品质低下，因此要注意自己的言辞。像应对范例中那样的解释会比较有说服力。

案例 62

有关保质期的投诉

"喝了临近保质期的果汁，导致身体不适"

情况：一位 20 多岁的女性顾客把购买的果汁全部喝完后才发现已经临近保质期了。她感到有腹痛等身体不适，于是第二天拿着果汁的空盒子和小票来到店里。

对话场景

顾客："我没有看日期就买了果汁，后来发现已经临近保质期了。没有注意日期我就喝光了，结果导致腹泻，身体不舒服，还请了一天的假。这个果汁可能有问题，希望你们处理一下。"

错误示例："临近保质期，也就是说没有过期，所以喝了也没问题。是您想多了吧？您买了果汁以后有没有放冰箱保存呢？"

应对范例："让您购买了临近保质期的商品，给您添麻烦了。保质期内的商品对身体是没有影响的，您的体质比较敏感，确实挺令人担心的。您没事吧？我给您退款。您如果有医生的诊断书和医疗费收据的话，我们可以承担您的医疗费用，请您出具一下。"

冷藏商品要先入先出，但员工也有看漏的时候，会产生忘记撤去临近保质期的商品，而将之售出的失误。过了保质期的商品立刻影响到健康的情况虽然极少发生，但也有像上述事例中那样，心理上比较敏感的顾客来投诉身体不适的情况。我们应跟上司商量，考虑采取让顾客提供医生的诊断书和收据，我们承担医疗费用这样的解决方案。

案例 63

关于商品的口感的投诉

"价格贵却不好吃"

情况：一位顾客在副食品柜台，指着某商品对店员说"这个价格贵却不好吃"。旁边的烹饪负责人回答道"既然那么讨厌的话，不吃不就行了"，由此导致了投诉。

对话场景

顾客："我说这里的副食品价格贵却不好吃，结果副食品柜台的人说'既然那么讨厌的话，不吃不就行了'。这是能对顾客说的话吗？"

错误示例："是这样吗？不过也有顾客说那个商品好吃而来购买啊。您在店里说不好吃，让别的顾客听到了，就是妨

114

碍我们营业。您到底想干什么?"

应对范例:"是我们教育不到位,很抱歉。每个人喜欢的口味不同,想法也不同。您是说这商品不合您的口味,对吧。是我们的店员言辞不当,真的非常抱歉。我们会严肃教育员工,以免今后出现类似情况。"

要点解说

上述场景中,每天负责烹饪的员工被抱怨商品口感的顾客激怒,从而对顾客口不择言。即使商品每天的制作方式都一样,也会有顾客挑各种毛病。即便如此,顾客还是会来购买,这大概是因为有他们中意的商品吧。换个角度来考虑,或许正是因为顾客在意我们的商品,他们才会比较挑剔。如果有顾客抱怨,我们要认真面对,不卑不亢地说"感谢您提出的意见",要堂堂正正地代表店方致歉。

案例 64
对送货上门服务的投诉
"送货上门的鸡蛋破了"

情况:一位 40 多岁的女性常客要求店方送货上门,结果来店里投诉说送去的鸡蛋破了两个。她到店里来只是想提醒店方要注意,所以没有携带小票和商品。

对话场景

顾客："昨天你们送来的鸡蛋破了两个。破壳的鸡蛋蛋清流了出来，不能用来做菜，我就扔掉了。我过来说这个事只是希望引起你们的注意，我没有带小票。"

错误示例："送货上门的鸡蛋破了？装箱的时候是不是没有塞紧？因为是用卡车送的，商品出现破损也在所难免，最好还是自己提回去。给您换新的鸡蛋行吗？"

应对范例："尊敬的顾客，非常抱歉。您订购鸡蛋是有什么用途吧？我会转达运送负责人，让其今后在运送鸡蛋的时候加倍小心。您没有带小票和商品的话，我来核对一下送货单。可以说一下您的姓名吗？您是什么时候订购的？"

要点解说

顾客因在送货过程中破了两个鸡蛋而特意来店投诉，如果追问其是不是装箱出了问题，就会产生不快。即便顾客没有指望退款，只是希望引起店方注意，店方如果表示愿意退款的话会显得更为诚恳。有关送货上门方面的投诉，我们要事先考虑好各种应对措施。

案例 65

与其他公司的服务相比较而产生的投诉

"别的公司的送货上门服务还包括帮顾客装箱，你们呢?"

情况：一位在多家店里购买商品的 70 多岁的顾客，抱怨道："其他店的店员都帮我装箱，而你们这里要顾客自己装，你们要是帮忙装箱的话我会轻松一些。"

对话场景

顾客："那家店的店员会仔细帮我装箱，我感觉非常好。而你们店不会帮我装。我每次来买东西时，你们要是能帮我装箱就好了。"

错误示例："那家店帮忙装箱啊? 我们店人手紧张，本店有本店的做事方式。装箱还是要拜托顾客自己来做。

应对范例："您是说希望我们提供和其他店一样的服务，是吧? 感谢您提出的宝贵意见。在本店，如果顾客在网上超市购物，是由我们来装箱并送货的。在店里购物的话，不好意思，要送货的商品都是麻烦顾客自行装箱的。我会将您的意见转达给上司，谢谢您!"

在顾客将本店的服务与附近的其他竞争店相比较的情况下，如果像上述错误示例中那样说"本店有本店的做事方式"，对话就进行不下去了。在应对范例中，店员首先对顾客提的宝贵意见表示肯定，然后解释网络订购有装箱服务，店内购物则是拜托所有顾客自行装箱。在高龄顾客大量购物、装箱费事的情况下，如果店员手头有空，请给予帮助。

案例 66
对临近打烊时商品缺货的投诉
"一人份包装的商品已经没有了?"

情况：某店附近有企业，有很多单身人员。该店出售半份的副食品，临近关门的傍晚时分商品就销售一空了。总是在临近关店时光临的一位 30 多岁的男性顾客，对副食品的分量进行了投诉。

对话场景

顾客："我是一个人生活的，这个菜量太多了。炸牡蛎的量太多我吃不掉，我想要小包装的。即使临近关门，也希望你们能提供一人份的菜肴或者生鱼片。还是说你们已经打烊了?"

错误示例："我们准备了很多一人份包装的商品，但是因为很受欢迎，所以很快脱销了。每天的商品数量都是定好的，有的时候自然有，我只能说请您尽早前来购买。"

应对范例："给您带来了不便，我们非常抱歉。小包装的副食品非常受欢迎，有时在关门之前就脱销了。可能很难立刻满足您的要求，其他顾客也反映了类似的问题。我会转达给上司，让公司讨论是否能增加小包装副食品的商品数量。感谢您提出的宝贵意见！"

要点解说

近来，小包装副食品的需求增多了，似乎经常有脱销的情况发生。如果其他客人也提出了相同的意见，店员应该向上司或者总部反映，交由领导进行研讨与改善。负责人要让店员计算一周内有多少顾客询问小包装商品，让副食品柜台的店员记录在临近打烊时间来店购买小包装商品的顾客人数，在此基础上向上级反映。店方也可以试验性地只增加两三种副食品的数量，看看销售情况，然后再进行讨论。

11 月

案例 67

对店员之间交谈的投诉

"收银台的员工在指责顾客"

情况：在店里空闲的时候，店员之间聊着今天来投诉的顾客的事情。一位 60 多岁的女性顾客路过时听到了店员交谈的内容，对出口附近的男性员工（店长）说道："收银台的女店员在说顾客的坏话，太过分了。"

对话场景

顾客："那边收银台的两个女店员很过分。她们在说顾客的坏话，还在笑。你们店对说客人坏话的员工不进行教育吗？是不是有必要重新评估一下你们的服务呢？"

错误示例："是这样啊，她俩都是老员工了，我想她们不会做这种事的。不过，如果有什么冒犯之处，我们道歉。过会儿我会去提醒她俩的，对不起！"

应对范例："非常抱歉。我们为给您带来的不快深表歉意。这是我们的教育不到位。收银台是禁止私下聊天的，更别说是说顾客的坏话，这是绝对不允许发生的。为避免以后发生类似的情况，我们会在早会、工作现场对员工进行严厉的批评和教育。非常感谢您告知我们这一情况。"

要点解说

在收银台等场所，两位以上的员工即使是在说工作上的事情，有时在顾客看来就是私下聊天。即使聊的是其他员工的事情，顾客有时也会理解成是在指责顾客，从而导致投诉的产生。我们要避免招致顾客怀疑的言行，对有关店员礼仪方面的投诉，不能像错误示例中那样去袒护员工，要像应对范例中那样，承认店方教育不足并致歉，同时要给出解决的对策，以防止再次发生。

以下是工作人员的行为有可能招致顾客误会的例子，我们要引起注意。

（店员）笑→（顾客）被轻视了、（店员）朝下看→（顾客）在撒谎、（店员）面无表情的注视→（顾客）被监视、（店员）不看顾客的眼睛回答问题→（顾客）待客心不在焉、（店员）迅速地装袋→（顾客）粗暴地装袋、（店员）喊其他店员→（顾客）不积极承担工作。

案例 68

打不通厂商电话的投诉

"给刊登了致歉报道的厂商打电话，却打不通"

情况：一位 60 多岁的男性顾客看到报纸上刊登了厂家的致歉广告，得知厂家正在回收他所购买的点心。他打电话给厂家，但是电话一直占线，他生气地带上商品和小票来到购买点心的店铺。店方已经将该商品撤柜了。

对话场景

顾客："我在你们店里购买的商品，报纸上登出了致歉广告，说是混入了异物。我马上给厂商打电话，但是打不通，你们要把这商品撤掉。你们为什么卖不好的商品呢？我把商品和小票都带来了，你们给我退钱。"

错误示例：❌"啊，这个商品我们已经撤柜了，店里已经不卖了。厂家负责回收，所以麻烦您自行寄往厂家。您去看一下主页，就知道退货方式和退货地址了。"

应对范例：⭕"真的非常抱歉。该商品由厂家回收，麻烦您直接寄给厂商。我给您地址和收件人，能否请您将写有您联系方式的字条和小票一同寄回给厂家呢？不好意思，给您添麻烦了。"

要点解说

最近，以食品行业为首，每天都有制造商在报纸上刊登致歉广告。看到这些广告的顾客如果打不通厂家的电话，就有可能到店铺里来。很多情况下，店里已经对商品实施了回收，但我们仍然要怀着诚意予以处理。要和上司或者商品负责人进行核实，如果店里接受退货、退款，就当场为顾客办理相关手续；如果必须由厂商进行回收，则要查清退货地址，并写好备忘录交给顾客。

案例 69
致电客服中心的顾客
"辞掉那位员工"

情况：一位40多岁的女性顾客来电说"我每次来购物的时候，收银处的那位店员都会让我感觉很不舒服，毁我一整天的心情。我也给消费生活中心打了电话，请你们立刻辞退那位员工"。

对话场景

顾客："我每天都会来购物，收银台有一个人让我感觉很不舒服。那个人毁了我一整天的心情。我也给客服中心打了电话。你们如果不辞退他的话，我就传到网上去。"

错误示例："您千万别传到网上。您说的那个员工是谁啊？如果真有那么让您不舒服的店员，我们表示抱歉。但是现在人手不足，辞退员工的话我们会很为难。我会提醒他改变态度的。"

应对范例："给您带来不快，我们真的非常抱歉。是我们教育不到位。能请您再讲得详细一点吗？我是负责人△△。感谢您提出的宝贵意见。为避免再次发生类似情况，我们会教育全体员工。给您添麻烦了。"

很少有顾客因为工作人员让人感觉不舒服，就打电话要求店方辞退员工。遇到这种情况，更换员工是不可能的。不能如同错误示例中那样，把"如果真有那么让您不舒服的店员，我们很抱歉。但是现在人手不足，辞退员工的话我们会很为难"。这样的内情告诉顾客。而应该为店方的教育不足而道歉，并承诺会再次教育全体员工。我们可以以顾客的意见为蓝本，在早会、OJT上，加强店员的待客态度和礼仪的训练。

案例 70

对不能一同寄送的投诉

"寄给祖父母的商品里面，不能同时放入孙子的照片?"

情况：一位30多岁的女性顾客希望在给祖父母寄点心的时候，把在七五三（每年的十一月十五日是日本的"七五三节"，在这天3岁、5岁的男孩和3岁、7岁的女孩，都会穿上传统和式礼服，跟父母到神社祭拜，祈求身体健康、快乐成长）拍的孙子的照片也一同寄过去，于是带着照片来到店里。她在收银台提出要同时附上照片，却遭到拒绝，因而感到生气，抱怨分开寄送显得很不自然。

对话场景

顾客："在点心中放入照片一起寄送，这么简单的事为什么做不到？一起放入盒中包装好，不就解决了吗？祖父母很期待，你们快点帮我寄。"

错误示例："这件事我们做不到。商品不在我们这里，是由别的地方进行配送的，如果在这期间照片遗失就不好了。如果您一定要放在一起寄，请您先购买商品，放入照片，然后通过快递的方式来寄送。"

应对范例："您是说想要将照片和商品放一起寄送，是吧。非常抱歉，我们不能接受您这个要求。事实上，商品是在配送中心进行包装后送出的。我们店方出具送货单，这期间如果把您珍贵的照片弄丢了，我们无法赔偿给您。为了您的照片能够安全送达，我建议您自行邮寄。"

要点解说

有时顾客会提出将信件或照片跟商品一起寄送的要求，如果商品不是从店里寄出，而是从配送中心寄出的，在把送货单和信件、照片送往配送中心的途中，有可能出现丢失的情况。在照相馆拍摄的照片很多比较贵重，有的可能没有底片，仅有一张，因此要建议顾客另外寄送。

案例 71
有关背景音乐的投诉
"不喜欢店里的背景音乐"

情况：一位 50 多岁的男性顾客抱怨他不喜欢店里的

BGM（Background music，背景音乐）。某男性店员代替兼职员工进行了应对，以设备上无法更改为由拒绝了顾客的要求。结果该顾客又投诉对该员工的不满。

对话场景

顾客："这是什么啊，从刚才起就很讨厌这 BGM，究竟是谁的品味啊？快换别的 BGM。""什么？不知道吗？去把负责人叫来，我要直接向他投诉。"

错误示例："关于 BGM，我们无权更换，我们不能在设备上随意更改。连调小音量都做不到。这跟场馆内的广播是联动的，对不起。"

应对范例："您是说您对 BGM 不满意，是吗？我询问过设备负责人了，真的很不好意思，设备上的原因，店里的 BGM 不能更改。另外，它与场馆内的广播是联动的，曲子和音量都不能更改。您提出了要求，我们却不能满足您，非常抱歉。"

要点解说

在顾客中，有人会挑剔店内的 BGM，或是场馆内广播的内容。在个体商店之类的店铺中，可以随意更换 BGM，而在大型商店中则难以更改 BGM。与防灾广播等一样，BGM 和场馆内的广播，不能在设备上进行随意更改。如果有必要，可以和设备的负责人进行确认，并把协商结果跟顾客进行解释，以求得顾客的谅解。

案例 72

有关便当米饭的投诉

"我昨天购买的便当的米饭很硬，没法吃"

情况：一位 20 多岁的女性顾客投诉说，为晚餐购买的便当，米饭很硬，菜的味道很淡，并带着剩下的便当和小票来到店里。据说她刚搬来附近，家里还没有微波炉。

对话场景

顾客："我昨天购买的便当的米饭很硬，菜的味道很淡，没法吃。为什么你们会出售这样的商品？为此，我昨天晚上什么都没吃。小票在这里，便当在这里。"

错误示例："您没有用微波炉加热便当吗？不，不加热也能食用……您带商品了吗？这个便当调味是比较淡的，您提前询问一下就好了。"

应对范例："非常抱歉。您是说米饭太硬，菜太淡，是吧。很不好意思让您带着小票和商品专程赶来。我立刻给您办退款手续。""商品金额为△△日元。我会向烹饪负责人转达，敦促其尽早改善。十分抱歉！"

　　每个人对米饭软硬程度和口味的喜好都有所不同。在上述错误示例中，店员的"没有加热吗？""这便当口味是偏淡的，您没有事先确认吗？"这样的言辞，听起来像是将责任推给顾客。而在应对范例中，店员对没有吃上晚饭的顾客表示关心和歉意，对顾客特意带上了食品和小票表示感谢，并为其办理退款手续，同时承诺会联系烹饪的负责人。

案例 73

对打烊时间的投诉

"下班以后想要顺路去店里，你们打烊太早了"

　　情况：夫妻双方同为上班族的顾客较多，但一般店铺晚上 9 点就关门了。于是一位 30 多岁的女性顾客提出，为了方便顾客下班途中去购物，希望店铺能够营业到夜里 10 点。而现实情况是，店里人手不足，无法确保店员的人数，所以很难延长营业时间。

对话场景

　　顾客："为什么这里 9 点就关门了？既然是卖食品的店铺，就稍微再迟点打烊啊。我在下班途中无法购物，周末又很累，不想去人多拥挤的地方。如果你们能营业到夜里 10 点，就帮我们解决困难了。"

错误示例："这是公司的决定，打烊时间不能更改。另外，或许那样对于顾客来说是方便了，但我们工作人员回家就更迟了。而且也不可能马上招到人。"

应对范例："给您造成了不便，很不好意思。营业时间是根据店内方针决定的，我会将您的意见转达给上司。本店举办'6点集市'等活动，从傍晚开始打折，您下班早的时候可以来看看。周末的上午，店里比较空，您也可以选择当天送货上门的方式购物。您还可以选择在家进行网上订购。"

要点解说

近来，为了与便利店竞争，越来越多的超市采取深夜营业、清晨营业，或是24小时营业的措施。有些顾客也提出希望推迟打烊时间。即便营业时间是根据店铺的方针决定的，无法立刻进行更改，也不能像上述错误示例中那样，用公事公办的口吻来应对。而应该像应对范例中那样，提出几个方便可行的建议，以求得顾客的谅解。

案例74
在开店前排队的顾客的投诉
"开店前在店外排队太冷了"

情况：一位50多岁的女性顾客因为今天傍晚要出门，所以一大早来到店铺前排队。一开店，她就前来投诉，外面虽然有椅子，但是露天太冷了。她斥责说感受不到店方对开店前就来排队的顾客的感激之情。

对话场景

顾客："我今天在你们开门前 10 分钟就开始排队了，你们就不能想想办法吗？外面那么冷！你们去排队试试，露天排队，冻死了。你们可以提前开店，或是让顾客到店里来排队，动动脑子啊。"

错误示例："开店前就来排队，辛苦您了。提前开店也好，让顾客到店里来排队也好，不问上级的意见，我们是做不了主的。"

应对范例："感谢您一早光临本店。让您在开店前的寒风中排队等待，我们非常抱歉。感谢您提出的宝贵意见。我会向上级汇报，为了开店前在寒风中排队的顾客，我们会尽我们所能进行改善。今后也期待您的光临。"

要点解说

对在寒风中排队的顾客，上述错误示例中，店员使用了"辛苦您了"这种慰劳性的语言。但是，"辛苦您了"这句话是上级对下级使用的语言，在这里使用不合适。要像应对范例中那样，对顾客的一早光临表示感谢，接受其提出的意见，向上级转达，并展示出积极努力去改善的姿态。现实中，有些店铺会通过为顾客准备椅子和毛毯，或者提供热饮等来进行改善。

---

4 冬季多发的投诉

12 月

案例 75
对缺乏商品知识的店员的投诉
"至少要能准确地给我指出商品的位置啊"

　　情况：一位 60 多岁的女性顾客向兼职的大学生询问沙丁鱼干（在日语中的发音为 gomame）的位置，结果被领到以豆子（在日语中的发音为 mame）为原料的副食品的柜台。顾客又换了种说法"我指的是田作（在日语中的发音为 tadukuri，沙丁鱼干在日语中的另一种说法）"，该兼职员工绷着脸不耐烦地回答"你早这么说我不就懂了吗"，顾客非常生气。

　　对话场景
　　顾客："连 gomame 都听不懂，现在的年轻人真是什么都不知道啊。不懂你就问啊，不是有句话叫不耻下问嘛。明明是自己不懂搞错了，还说出这么没有礼貌的话，你们是怎么教育员工的啊？"

错误示例："现在的兼职人员就是不懂事啊。顾客说要购买年节菜的食材，结果被领到了杂货柜台。对不起，我会跟兼职员工说的。"

应对范例："非常抱歉，虽说是兼职人员，但也是我们的员工，我们应该好好教育的。给您添麻烦了，为避免今后发生类似的情况，我们会就传统年节菜的知识进行培训，也会再次教育员工。真的很抱歉。"

要点解说

越来越多的员工不知道商品的名称和读法。与其斥责员工"连常识都不懂"，不如将员工必备的商品知识做成教材，好好地进行员工指导。另外，在年末和年初特设的柜台，要让员工熟悉商品的配置。可以让员工事先进行学习，让员工对商品的摆放位置做好笔记，或者在早会等场合通过举办竞赛、测试等活动来考核员工对商品名称和货架的掌握情况，这些都是行之有效的措施。

顺带提一下，为了祈祷作物丰收，日本人有将小沙丁鱼播撒到农田里的传统，因此有的顾客会将沙丁鱼干说成gomame。以下列举几个物品的别称和鱼的通称：

玉米→玉蜀黍、方头鱼→加吉、黑色金枪鱼→本金枪鱼、白鲑→秋鲑、赤鲑→黑喉

此外，嫩豌豆、荷兰豆、青豌豆都是指未成熟的豆子，成熟的豆子叫作豌豆。

案例 76
对商品降价时机的不满
"之前的这个时间已经开始降价了"

情况：某日傍晚，一位30多岁的女性顾客，在西餐柜台等待最佳食用期较短的商品再次降价。可她一直等不到商品贴上再次打折的标签，于是向兼职人员表达了不满。

对话场景

顾客："去年的现在这个时间，商品就会陆续贴上降价标签了。今年为什么都不贴了？已经这个时间了，商品卖不出去了，你们打个折不好吗？"

错误示例："我们是根据上级的指示来对这个柜台的商品进行降价的。因此，您问我为什么不打折，我也不清楚。如果您有什么不满，请跟负责人说，我去把负责人叫来。"

应对范例："您是说去年的这个时间商品降价了，是吧。有关商品的打折，是根据卖场的情况和商品的最佳食用期来决定的。很不好意思，希望您能理解。有负您的期待，我非常抱歉。"

※按上述进行处理，或者和上司商量后处理。

　　有的顾客对店铺的限时打折情况很了解，他们会瞅准这个时机来消费，如果能够买到优惠的商品就会满意而归。然而，很多时候限时打折活动是由管理层依据不断变化的卖场情况来决定的，不一定会符合顾客的期许。我们应该复述顾客的要求，理解顾客遗憾的心情，陈述不能满足顾客要求的理由，郑重地道歉。另外，得到顾客的谅解也十分重要。

案例 77

对电话应对的投诉

"在电话里推诿，你们是怎么工作的?"

　　情况：一位 50 多岁的女性顾客打电话询问年节菜的问题。店员说了声"请稍等"就为其转接到了相关部门。转接以后该顾客询问"我想问一下是否要冷冻"，结果接电话的店员又让顾客等了很长时间，由此产生了投诉。

　　对话场景

　　顾客："真是的，说是稍等，要让我等几分钟啊？我只是问一下宣传册上的商品，为什么要花那么久的时间？你们对自己公司的商品都答不上来，这不正常。"

　　错误示例："对不起，您如果告诉我们询问的是宣传册上登载的商品就好了，当时负责人不在，要回答您的问题花了

134

点时间。"

应对范例："非常抱歉。我们的工作人员没有很好地掌握自己店里商品的相关信息，给您造成了不便，我真诚地向您道歉。我们会制作顾客咨询问答的资料，并对员工进行教育，以避免今后发生类似情况。不好意思，给您添麻烦了。"

要点解说

当顾客致电时，如果顾客指名的工作人员或者责任人不在电话旁，很多时候工作人员要对电话进行转接，或者保留电话去找人，而不得不让顾客等待。我们可以备好"常见问题 Q&A"的资料，或者说"我们 10 分钟后给您回电"，让顾客留下姓名和电话号码，然后让责任人给顾客回电。

案例 78
有关订购商品的投诉
"跟我订购的商品不一样"

情况：一位 40 多岁的女性顾客订购了年节菜肴，12 月 31 日拿到商品以后，发现本应有三层的商品只有两层。看了下小票，确实支付了三层商品的金额，于是打电话到店里来。

对话场景

顾客（电话）："打扰一下，我预订了年节菜，除夕时到货了，我订的是三层的，但只有两层。是你们弄错了，你们把三层的商品送过来给我调换。"

错误示例："我们核对了送货单，确实是三层的。年节菜要提前预订，现在我们无法给您换三层的商品。我们会通过邮寄的方式退您差额，能否请您提供一下地址？"

应对范例："送货单上确实是三层的年节菜，由于我们的失误给您送了两层的商品，非常抱歉。我和上司商量一下，去您府上拜访。按道理我们应该把三层的年节菜送到府上，但不巧的是年节菜是需要预订的，店里没有库存，来不及在新年里给您送达。我们真诚地向您道歉，并向您推荐代替的方案……（提出代替方案）"

要点解说

顾客对在年底订购的商品进行投诉时，最麻烦的一点是很难进行补救。如果在圣诞节蛋糕或是年节菜肴上出了错，没有办法重新制作，也赶不上节日，会给顾客造成很大的困扰。此外，对投诉的处理要避免拖到年后。正因为商品不能重新制作，所以要为顾客准备若干代替方案。

案例 79

对装袋速度慢的投诉

"这个收银台的店员动作慢吞吞的"

情况：在店内人多拥挤的时候，收银台的店员慢吞吞地装袋，一位20多岁的女性顾客对此感到很焦急，说还不如自己装袋来得快、来得好。

对话场景

顾客："只有这个收银台的店员动作慢吞吞的，快点装袋啊。还不如我自己装呢！他这样反而是在给我们添麻烦。年底的时候要争分夺秒，你再稍微上点心啊。"

错误示例："对不起，我已经尽力在做了。为了防止压坏商品，稍微花费了一点时间。您如果想装，自己来装就好了啊。"

应对范例："在您忙碌的时候耽误您时间了，很抱歉。我应该尽快地装袋的，给您添麻烦了。今后我会努力加快动作，以免让顾客等待。我真诚地向您道歉。您时间上不要紧吧？耽误您行程了吗？"

要点解说

在繁忙的时候，顾客要排长队等待结账。这时收银员应当细心周到，但如果包装速度缓慢，顾客会将越来越焦急的情绪发泄到收银员身上。店员如果像上述错误示例那样，为自己辩解的话，会让顾客变得更加焦急。店员要像应对范例中那样，站在顾客的立场上考虑，向顾客致歉。同时，对是否耽误顾客接下来的安排（约会等）表示关心。即使顾客生着气走了，也要深深地鞠躬以示歉意。

案例 80
关于商品脱销的投诉
"我听电视上说这个商品对流感有效，已经卖光了?"

情况：在电视节目中，介绍了某特定保健食品的乳制品能够提高人体对流感的免疫力，于是该商品很快就脱销了。没能购买到的顾客纷纷前来询问什么时候才能买到。

对话场景

顾客："啊？我是听了电视上说能够提高免疫力、预防流感才来买的，已经卖光了?""不知道什么时候进货？没有的话很麻烦啊，我每天都来买，你们想想办法啊。"

错误示例："太受欢迎了，听说连厂家那里也一件存货都没有了。进货日期吗？嗯……很难说啊。"

应对范例："非常抱歉。由于电视节目介绍该商品有益于健康，导致商品脱销，给您添麻烦了。我们和厂家联系过了，现在正在加紧生产。如果有新的信息，我们一定会发布的。希望您能够理解。"

要点解说

上述场景中，在介绍某商品有益于健康的电视节目播出后的第二天，顾客便蜂拥而至，使得货架上的商品脱销。对此，我们应该向没能买到商品的顾客解释，厂家正在调整生产，我们会第一时间公布进货信息等，以求得顾客的谅解。如果顾客还有意见，可以告知其厂家的联系方式，让顾客自行询问。

案例 81

对信用卡手续方面的投诉

"输错了信息，还需要用卡？这是你们的错吧"

情况：一位 50 多岁的男性顾客使用信用卡消费时，店员输错了商品信息。店方希望顾客到客服中心，让客服重新输入信息，刚向顾客提出能否再借用一下信用卡，顾客就发火了。

对话场景

顾客："说到底，输错信息是你们的失误吧？为什么让我再次提供信用卡？你们更正一下不就行了吗？啊，真麻烦，商品我不买了！"（生气地走掉了）

错误示例："尊敬的顾客，是收银员输错了信息，对不起。但是，必须用卡才能重新输入，没有卡的话更正不了信息。必须先取消，然后进行再次输入。"

应对范例："是我们的员工输错了信息，非常抱歉。本公司的 POS 收银机是由电脑管理的，一旦输入购买信息就被录入下来了。为了防止出现信息重复的错误，能否借用您的卡先办理取消的手续，然后再重新输入呢？在您百忙之中，我们给您添麻烦了。"

要点解说

现在的收银机都是由电脑管理的，一旦录入就会留下记录，必须先取消，然后重新录入，我们要和顾客解释清楚，以求理解。

案例 82

遭遇了顺手牵羊的顾客的投诉

"你们店的安保太差了，我的东西被人顺手牵羊拿走了"

情况：一位 30 多岁的男性顾客在结账后，将商品放在推车上。在刚要出店门的时候，意识到有东西落在了包装台上。于是他将商品连同推车放在店门口，自己返回店内取东西，结果推车上的商品全部被偷走了。

对话场景

顾客："我把一周要买的东西都放在了推车上，在我回包装台取遗失物的时候，东西全被偷走了。我自己也有错，但你们也应该配备让顾客能够安心购物的安保环境。有保安在巡视吗？"

错误示例："您遇到了这样的事啊？不过，结过账的商品还是应该由顾客自己保管好。我们是有保安在巡视的。您需要报警吗？"

应对范例："那真是太糟糕了。您有没有在周围找找呢？已经通知保安了，但您最好再报个警。您在本店购物却遇到这样的事情，太遗憾了。今后我们会加强保安巡逻，也会要求店员关注顾客的行李。"

虽然顾客是由于自身的疏忽导致东西被盗，但他也有理由去质疑店方的防范措施薄弱。店员要多注意顾客随身携带的行李，在人多拥挤的时候要当心小偷，店员人手不足的时候要加强保安巡逻。此外，在发生偷盗等情况的时候，工作人员之间要以行话（只有工作人员能听懂的语言）相互通知，努力减少受损情况。

1 月

案例 83
对店员说话声音大小的投诉
"声音太小，我听不见"

情况：在人多拥挤的 B 店里，有很多为人老实、内敛的店员。在收银台工作的一名 20 多岁的店员，像往常一样报着商品名称和价格，一位 60 多岁的男性顾客生气地说"声音那么小，我听不清你在念什么。"

对话场景
顾客："喂，你那么小声地在说什么？好像是在自言自语，我完全听不清。你是在报商品名称和价钱吧，你应该让顾客能够听明白。还是你有不能大声说话的理由?"

错误示例:"对不起,是店里要求我们报金额的。收银台上有显示金额,您看那个就清楚了。再加上我们也不能调低BGM的音量,所以很抱歉。"

应对范例:"我声音小让您听不清,真的很抱歉。因为必须接连不断地报出金额,所以有些着急,太不好意思了。如果顾客没有听清,那就失去意义了。今后我一定大声地边报边核对金额。感谢您在百忙之中向我们提出宝贵的意见,我们会铭记于心的。"

要点解说

由于店内的BGM招徕顾客的工作人员声音大,而店员的声音小,年长的顾客听不清店员在说什么,从而感到困惑不解的案例越来越多。顾客如果再三询问,店员会不耐烦,还会听到排在后面、等得很焦急的顾客的咂嘴声,于是备感焦急的顾客就会指责店员"你要大声一点,说清楚一点"。对此,店员应该致歉,并大声地报价和商品名。店员大声地报出商品名称和金额,还可以防止出错。

声音小的人在人际交往上,会给人留下没精神、阴暗、缺乏合作能力等负面的印象。所以,一定要练习大声说话。

在大声说话的时候,要用腹式呼吸,从丹田发声。为防止句尾语意不明,要口齿清晰地说每一个字。口齿不清的人可以练习绕口令,或者做元音发声练习。

收银时报出声的目的在于,跟顾客一起互相核对商品,发现价格错误或数量错误,增添活力,增加店员抬头的次数,记住商品名称和价格,掌握畅销商品和人气商品信息等。

案例 84

对店员说法不一的投诉

"我问了其他店员，这不是有货的吗?"

情况：一位 50 多岁的男性顾客看了传单到店里来购物。他向店员询问商品，被告知"今天没货了"。他又询问了其他店员，结果找到了商品。对店员的说法不一他感到很生气。

对话场景

顾客："刚才我问一位店员，说这个商品没有了。然后我又问了其他店员，却找到了商品。说没货的那位店员怎么这样随意撒谎呢？你们店员说法都不一样的吗?!"

错误示例："是我们的店员搞错了。因为每天的特卖商品都会变，所以有时候会搞错。我会跟店员说的，对不起。"

应对范例："真的很抱歉，是我们的店员对商品信息掌握不到位。我们应该每天早上指导员工确认特卖商品信息的，但我们的工作没有做到位。为避免今后发生类似情况，我们会加强对员工的指导。另外，有关商品的信息，您还可以去服务台垂询。"

上述场景中，看了特卖商品广告的顾客前来购物，想要快点买到商品，所以希望店员予以引导，结果发现店员说"没有了"的商品竟然"有了"。顾客难以理解为什么店员不能正确地引导顾客，从而感到生气。对我们而言，准确地为顾客导购是重要的工作内容。由于卖场每天都会有变化，所以在出勤日要早点到岗，对照着特卖或传单上的商品在卖场巡视一周，并在早会上进行信息的核对与指导。

案例 85

有关食材的不当表示的投诉

"年节菜的说明中写的是鲍鱼，但这不是鲍鱼仔吗?"

情况：新年年初就到店里来的一位 50 多岁的男性顾客，在前一年年底的时候就订购了年节菜并要求送货上门。食品说明中写的是"鲍鱼"，他生气地和店员争论道"这不是鲍鱼仔吗"。

对话场景

顾客："我在年底的时候订购了年节菜，并要求送货上门。食品说明上标的是'鲍鱼'，可这是'鲍鱼仔'，这不是骗人吗？你们有没有尝过啊？"

错误示例："您是说标的鲍鱼，而实际上不是，对吧。年节菜是由厂商直接配送的，我让厂家跟您联系。"

144

应对范例："感谢您订购我们的年节菜，您是说这里面的鲍鱼实际上是鲍鱼仔是吗？真的非常抱歉，我立刻联系厂家，并和上司进行处理。不好意思，商品可以交给我们保管吗？能留下您的名字和联系方式吗？"

要点解说

　　在 2013 年年底的时候，曝出了一些酒店、百货商店的食品与标识内容不符的问题，从而引起了社会上的广泛关注。如果出售的商品的标识给消费者带来明显优于实际商品质量的误解，会被看作"优良误认表示"，并受到相应的处分。由于涉及社会信用问题，所以我们不能像错误示例中那样，将责任推给厂商，而应该像应对范例中那样，郑重地向顾客表示会进行调查并告知其结果。

表5　关于食品标识

　　在食品或者菜肴的标识上产生的问题，如果店方或食品制造商提供的商品、劳务（烹饪），其标识的内容让一般的消费者误认为商品明显优于实际商品质量，会被认作"优良误认表示"，并受到处分。(如果由于误认表示，使得商品以高于一般的价格出售) 应由数位工作人员对 POP 或海报等上登载的商品的标识、标签的标识、包装的标识、主页等网络上的标识，甚至是小票上的标识进行仔细的检查。

　　另外，品牌牛肉等商品，最好在进货的时候取得品种证明书，并将其标识出来。

　　称重出售的手工副食品、面对面销售，以及外卖产业等，可以免去标识原材料的义务，但一般的食品最好还是标识出来。

　　（1）制作方法、功效的标识

自家制造	标识着"自家制造的乳蛋饼"，而实际上是委托工厂生产的话，会让消费者误认为是在该店的厨房里制作出来的，所以是行不通的。这个标识只能用于本公司制造、加工的商品。

手工制作	手工副食品等面对面销售、称重销售的商品，可以免去标识原材料的义务，但一般的食品最好还是标识出来。
刚做好的、刚出炉的、热乎乎的	"工厂直送的刚出炉的商品"这样的标识是可以的。要依据食品的性质来判断。如果标识"刚做好的""刚烤好的""刚煮好的""刚炸好的""刚出炉的""热乎乎的"，消费者会认为该商品是在店内刚制作出来的，所以在表达方式上要加以注意。
手工制作、手工烤制	指的是手工制作的商品。如果使用的是机器加工的绞肉，却标识为"手工汉堡肉"，这样会给消费者造成品质优良的错觉，因此这样的标识是不行的。
天然、自然	一般被认为是非养殖的、纯天然的、没有经过加工的产品。人工养殖的鳗鱼如果标识为纯天然鳗鱼，就与事实不相符合，是不行的。公正竞争规约中规定盐类商品不可有这类标识。在酵母类商品中，这样的标识也可能导致"优良误认"。
日本产、〇〇国产	赠品表示法中规定可以把对原材料进行了加工的厂商所在国，标为原产国，但商品的标识不可在原材料产地上让消费者产生误解。
fresh、新鲜	如果把工厂直送的商品标识为"fresh的〇〇"，解冻的商品标识为"新鲜的〇〇"，而这样的标识可能会让消费者认为是刚生产出来的，所以要注意表达方式。
荣获〇〇奖、荣获金奖	在标识商品曾获展览会或者大臣表彰等奖项时，要标明诸如"荣获〇〇〇〇年〇〇大臣奖"这样的获奖年度。消费者会认为这是商品品质的保证，所以还要注意不能夸大其词。
不使用〇〇产	为了排除特定产地的食材，防止不存在的原因或结果导致经济损失，会采用"不使用〇〇产"这样的标识，店方一定要对此进行充分的研讨。
有机、organic、无农药、少农药	有机、organic指的是在过去的2—3年未使用农药、化肥的产品，这必须通过相关的法定检验。无农药只是指栽培的时候未使用农药，前一年使用农药也是可以的，使用化肥需自行申报，现在这种产品被称作特别栽培农作物。少农药是指农药的使用次数低于传统栽培的五成。

时令〇〇 当季〇〇	将前一年收获的作物冷冻保存以后进行解冻,这样的产品如果标识为"时令〇〇"或者"当季〇〇",消费者会误认为是刚收获的作物,这样是不行的。在"时令水果"中使用了罐头食品,或者用冷冻的蔬菜制作"时令蔬菜天妇罗",消费者会认为该商品使用了优良的食材,因此要注意。
健康菜单	最好要自主形成相应的标准。例如使用诸如"热量不超过20%"等具体的、准确的标识,与对应商品进行比较,并标识出减少的量或者减少的比例的依据。
特选(特别推荐)、极品	标识有"特选(特别推荐)""极品"的商品,消费者会认为该商品要优于其他同类商品。因此,如果实际上在品质或制造方法上不具备优良性,就是不当标识。
无添加	是指未使用任何属于食品添加剂的物品。但是,有些物品作为天然食材的替代物,其安全性并未得到证实,未必就是安全的。要注意制造商的随意标识会让一般消费者产生误解。
少盐、 低盐、 淡盐	"少盐"只能用于标识"100克食品中钠的含量低于120毫克",或者是"与其他食品相比,100克食品中钠含量减少了120毫克以上"的商品。标识有"盐分低于20%"的情况,则必须与对应商品进行比较,并标识出减少的量或者减少的比例。钠含量乘以2.54就是食盐的含量。
不使用砂糖	表示在食品的加工过程中未使用砂糖,并不是指食品原成分中不含砂糖(蔗糖),因此要在成分表中确认糖分的含量。
non-sugar、 无糖 sugarless、 sugarfree	"无糖""零糖分""non-sugar""sugarless""sugarfree",是指100克食品中糖分的含量低于0.5克。"低糖""微糖""少糖""小""light""减肥""off"等的标识,表示的是100克中含糖量低于5克,100毫升的饮料中含糖量低于2.5克,并不是指完全无糖。
减肥食品	如果没有出具合理的资料,会被认作不当表示,有可能受到行政处罚,因此要充分注意此类标识方法。

(2) 肉类的标识

牛排、肉排	如果使用合成肉为原材料，为避免消费者误认为其是天然肉块烤制的，要标明"使用的是合成肉""使用的是压制肉"。
霜降牛排、注脂牛排	将牛脂注入牛肉当中，人工加工成霜降的状态的情况下，要标明"注入加工肉"，以区别于通过饲养来改变脂肪分布状态的牛肉。
鸭南蛮	标识鸭南蛮，是指不以野鸭肉为食材，以杂交鸭肉为食材，社会对此已有广泛认识，因此是可以的。如果标识为"野鸭肉""稀有鸭肉""高级鸭肉"就不行了。
法国产夏朗鸭的烤鸭肉	标识的是"法国产夏朗鸭的烤鸭肉"，如果原材料用的是岩手县产的鸭肉，就属于不当标识，是不可以的。
○○土鸡	标识"○○土鸡"，使用的却是小型肉用鸡是不行的。标识"烤○○土鸡"，使用的却是日本产土鸡是不行的。
宫崎牛的牛排	根据进货的实际情况，有时会使用其他品牌的牛肉，消费者会产生误解，因此要标识"今日的品牌牛牛排""有关牛肉品牌请咨询工作人员"等。
松阪牛	栃木牛如果标识成"松阪牛"来出售，属于伪造产地，消费者会误认作优良产品，所以是行不通的。
和牛、日本产牛	标识为日本产和牛，使用的却是澳大利亚产的牛肉，这是不可以的。和牛分为"黑毛和牛""褐毛和牛""日本短角牛""无角和牛"四种。日本产牛指的是在日本国内饲养3个月以上，在日本饲养的时间最长的牛。
黑猪	黑猪肉是指纯杂种的巴克夏猪的猪肉。标识为"使用鹿儿岛产黑猪肉"，使用的却是不同产地的其他种类的猪肉的话，就属于不当标识，是不可以的。

(3) 水产类的标识

○○产	如果标识为"使用骏河湾产鱼"，就不可以使用骏河湾产以外的鱼。消费者一般认为商家提供的是只以骏河湾捕捞的鱼为食材所做出来的菜肴。

鲜鱼	如果标识为"鲜鱼做的法式黄油烤鱼"，消费者会认为商家提供的是新鲜鱼，用冷冻的鱼做的商品则不能如此标识（例如金枪鱼）。但是，不能添加诸如"刚捕获的""今天早上市场上采购的"之类的，强调新鲜程度的标识。
银鳕鱼	南极犬牙鱼（在南极附近捕捞的深海鱼）在 2003 年以后标识为"melo"。它和鳕鱼不属于同类鱼种，因此不可标识为"银鳕鱼"，可以标识为"银鳕鱼（melo）"。
三文鱼、王鲑	将虹鳟标识为"王鲑"，虽然两者同属于鲑鱼科，但两者是不同的鱼类，消费者一般也认为它们是不同的鱼，所以不可如此标识。作为"鲑鱼便当""鲑鱼茶泡饭"的材料，使用通常销售的"鲑鱼""三文鱼"，在"鲑鱼便当""鲑鱼茶泡饭""鲑鱼寿司"中标识出来是可以的。如果标识的是日高产的王鲑，而用的却是新西兰产的王鲑，这是不行的。Trout、Trout salmon、Salmon trout 是指在挪威、智利等地海上养殖的虹鳟。
伊势龙虾	美国龙虾、新西兰龙虾、澳大利亚南岩龙虾和伊势龙虾属于不同的水产品，因此不可标识为"伊势龙虾"，会被误认为是在三重县伊势地区捕捞的龙虾。
藜虾	常常与手长虾、挪威海蜇虾混同起来，实际是不同的品种。手长虾是淡水品种，而藜虾是海水品种。不可将龙虾标识为"藜虾"。
明虾（车海老）	将比明虾价格便宜的虎虾（牛海老）标识为"车海老"的话，与实际的食材不相符，是不允许的，可以只标识为"海老"。
周氏新对虾（芝海老）	使用比芝海老价格便宜的南美白对虾为食材，却标识为"芝海老"是不行的。消费者一般认为它们是不同的水产品。可以只标识为"海老"。
北海道产的牡丹虾	标识为"北海道产的牡丹虾腌泡汁"，使用的却是加拿大产的牡丹虾，这属于不当标识，是不允许的。
帝王蟹	实际上和寄居蟹是同类，可以标识为"螃蟹"。不可以将油蟹标识为"帝王蟹"。

鲍鱼	如果使用的是北海道产的虾夷鲍或者鲍鱼仔，不可标识为"房总鲍鱼"。将杂交的国外产的鲍鱼标识为"〇〇产鲍鱼"的话，看起来像是日本国内产的鲍鱼，也是不可以的。如果用的是岩贝（智利鲍鱼、鲍螺），则在菜单上不可标识为"以鲍鱼为原材料"，也不可以标识"智利鲍鱼"，可以标识为日语中的名称"岩贝"或者"鲍螺"。
海螺	用的是脉红螺，标识的却是"使用海螺"，消费者一般认为脉红螺和海螺不是同一种水产，因此不可以如此标识。
魁蚶	在魁蚶罐头中使用毛蚶是可以的。魁蚶的捕获量锐减，多为人工养殖和海外进口。与虾米或是制成罐头的毛蚶没有区别，一般都通称为魁蚶。
无菌生牡蛎	标识为"用微泡沫和臭氧杀菌系统做无菌处理"的牡蛎，如果实际上未在无菌环境下进行过特殊加工处理，就属于"优良误认"，是不允许的。
鱼子酱（鲟鱼子）	在年节菜食材中标识为"鱼子酱"，而实际上使用的是比鱼子酱低廉的腌制的海参斑鱼的鱼子，这是不允许的。标识为"俄罗斯新鲜鱼子酱"，而出售的是中国产的低温杀菌鱼子酱，这属于标识不当。
乌鱼子（鲻鱼子）	标识为"乌鱼子松叶""墨鱼乌鱼子"，看似用的是乌鱼子，而实际上是用鳕鱼及鲨鱼的鱼子加工而成，这是不允许的。
鱼翅	用于标识以鱼翅为食材的菜肴，不可以用于人造鱼翅。
岩海苔	如果标识为"使用岩海苔"，消费者会认为是用在岩石上等自然生长的海苔作为原料制作出来的，因此制作时不可以使用人工养殖的黑海苔来代替。
柳叶鱼	柳叶鱼的捕获量减少了，现在市场上出售的是同属于胡瓜鱼科的桦太柳叶鱼（毛鳞鱼），一般将桦太柳叶鱼看作柳叶鱼的替代品，因此可以标识为"柳叶鱼"。不过，不可以标识为"真柳叶鱼"。
鱼鳍肉	不可以将"马舌鲽的鱼鳍肉""大比目鱼的鱼鳍肉"标识为"比目鱼的鱼鳍肉"，可以只标识"鱼鳍肉"。

鲱鱼海带卷	标识的是"鲱鱼海带卷"，使用的却是西太公鱼的话，就属于不当标识。

（4）农产品的标识

京都蔬菜、〇〇（地名）菜	虽然标识的是"京野菜（京都产的蔬菜）"，但由于京野菜的进货量少，实际使用的很多都是京都以外收割的蔬菜，这时标识"使用京野菜"是不可以的。因为消费者会认为只以京野菜为原料，或者所使用的蔬菜大多是京野菜。如果完全没用到京野菜，或者使用的蔬菜大多是京都以外地区产的蔬菜，这就产生了问题。
九条葱	如果用的是普通的葱，就不能标识为"使用九条葱"，因为消费者会认为使用的是区别于一般品种的九条葱，从而产生问题。
有机栽培的蔬菜	标识"使用〇〇县生态农场产的有机栽培的蔬菜"，而所使用的蔬菜大部分不是有机栽培的蔬菜，只有水菜和菠菜是有机的，这种情况属于不当标识。
有机蔬菜	沙拉的原材料，标识着"有机蔬菜"，实际上只有部分蔬菜是有机蔬菜，这是不行的。因为消费者会认为该沙拉只用了有机蔬菜。
〇〇产	例如，标识"使用法国产的栗子"，而实际上使用的是中国产的栗子，这与实际产地不相符，是不允许的。
新米	在 JAS 法（日本《农林物资规格化和质量表示标准法规》）中规定，能标识为"新米"的，只限于收割当年年底之前的精白米和包装好的精米。过了年的，加工好的米不能标识为新米，只能标识为陈米。
品牌米	标识"使用山形县产地道大米"，实际上用的却是山形县产的混合米，消费者会认为只用了当地产的地道大米，与实际不符，这样是不行的。
天然风干的大米	在主页上登载了生产者的照片，并附上"大米采用的是传统风干技术，是由签约的农民生产的放心大米"的说明，而实际上只有一部分采用了自然风干技术，这是不行的。

使用日本产小麦	只要日本产小麦的含量达到50%，就可以标识为"使用日本产小麦"。

（5）有关小麦制品、乳制品、饮料、点心类商品的标识

手擀面、手工面	标识"使用手擀面"，而实际上使用的是机器加工的面条，并非手工制作这是不行的。不能为了提升销售额而使用不符合实际内容的标识。
生奶油	标识"使用生奶油"，而实际上并非以牛奶为原料，用的是以植物油发泡，制成的形状、颜色都和奶油相似的打泡奶油，与实物不符，是不可以的。生奶油指的是乳脂含量达到18%以上，没有添加任何植物性脂肪、乳化剂、果胶的产品。
奶酪	标识"生火腿和卡门伯特干酪"，实际使用的却是奶油奶酪，这是不允许的。因为使用卡门伯特干酪以外的奶酪，就属于不符合实物的标识。
牛奶	饮料上标识"牛奶"，而实际使用的是低脂牛奶，把低脂牛奶标识成牛奶，这属于不符合实物的标识。
冰激凌的名称	冰激凌是指含乳固形物质15%以上、乳脂8%以上的产品；冰牛奶是指含乳固形物质10%以上、乳脂3%以上的产品；乳酸冰激凌是指含乳固形物质3%以上，不包括冰激凌及冰牛奶在内的产品。
纯米酒	标识"纯米酒"，销售的却是使用酿造用酒精制成的清酒，这是不允许的。因为消费者一般认为纯米酒是不用酿造用酒精制造的清酒。
香槟	不能将香巴尼地区之外产的起泡葡萄酒标识为"香槟"出售。因为商品并非法国香巴尼地区产的高级发泡酒，这属于不符实物的标识。
鲜榨果汁	标识"鲜榨果汁"，实际上用的却是橙汁饮品，并非当场鲜榨出来的果汁，这样是不行的。因为消费者会误认为其是很新鲜的商品。

天然海盐	标识"使用的是沿用古法烧制的〇〇海滩的天然海盐"，看起来好像所有的菜肴都使用了该海盐，而实际上只用于寿司当中，这种标识是不可行的。
蕨菜糕、葛粉糕、久寿糕	蕨菜糕是以蕨菜粉为原料、葛粉糕是以葛粉为原料、久寿糕是以面粉为原料发酵制成的。未使用真的蕨菜粉、葛粉，而是以薯粉、木薯粉替代制作，却以高价出售，是要被问责的。

（6）"健康食品"的标识

厚生劳动省于 2015 年 4 月，在超市、便利店提供的副食品、便当等经过加热烹饪处理的食品中，导入了"健康食品"的认证标识。对达到促进成人健康所必需的一餐的营养素、热量、盐分标准的食品，给予相应的认证。可以对主食、主菜、配菜进行逐个认证，也可以组合起来进行认证。

对于制造、销售方来说，有义务附上认证商品的报告

主食	一餐所含碳水化合物 50—70 克，含有两成以上糙米之类的粗粮
主菜	鱼、肉等一餐所含蛋白质 12—17 克
配菜	蔬菜、菌类等一餐为 100—120 克
热量	650 大卡
食盐	不满 3 克

如果超过一餐规定的含有量，或者热量超过 650 大卡的标准，就属于不当标识。另外，必须有认证商品的报告。主食、主菜、配菜中的任何一个均可单独进行认证。

案例 86

对店员递卡方式的投诉
"那种递信用卡的方式，算什么啊?"

情况：一位 40 多岁的男性顾客用信用卡购买了 2000 日元的商品。收银员在递卡给顾客的时候，啪的一声搁在了收银台上，该顾客觉得收银员很没礼貌，因而很生气。

对话场景

顾客："我用信用卡付账的，你那算什么态度啊？因为花钱少，你就看不起人吗？啪地一放，也太瞧不起人了吧，不是应该双手递过来吗？这家店是如何教育员工的啊？"

错误示例："尊敬的顾客，您误会了，我没有瞧不起您。只是怕忘记返还您的卡，先放在收银台上而已。如果惹您不高兴了，我向您道歉，对不起！"

应对范例："尊敬的顾客，是我太冒犯了。确实如您所说，我应该双手将卡递还给您的。是我考虑不周，给您带来了不愉快，真的很抱歉！"

要点解说

近来，即使是小额消费，越来越多的顾客也会选择用信用卡或者 IC 卡来支付。顾客会担心这种小金额是否可以刷卡支付，这时我们如果爽快地回答"知道了"，则会给顾客带来安心感。而用顾客的卡敲击收银台，或者啪地一放之类的草率的行为，则会让顾客产生受到轻视的感觉。卡和顾客的钱包是一样的，在返还的时候，店员要用双手恭敬地递给顾客。

案例 87

关于商品焦了的投诉

"就没有不焦的商品吗？"

情况：副食品柜台的广岛烧烤得有些焦，一位 20 多岁的

女性顾客对此感到介意，于是询问正在重新摆放商品的店员
"全部都是焦的，就没有不焦的商品吗?"

对话场景

顾客："我想要这个广岛烧，从刚才起我就一直在看，全
都是焦的。我不喜欢烤焦的，想要不焦的商品，你们没
有吗?"

错误示例："啊，您说广岛烧吗？这不是焦，酱汁的颜色
看起来像是焦的。上面还放了鲣鱼干。"

应对范例："我们用的是会略带些焦的烹饪方法，我会转
告烹饪负责人，让其重做一份，要稍微花一些时间，您赶时
间吗?""让您久等了，这是重做的商品。今后为了让顾客能
放心食用，我们会注意的。感谢您的批评指正!"

要点解说

对做饭时产生的锅巴，有些顾客喜欢，也有些顾客不
喜欢。有些顾客认为，商品焦了就不能拿来出售。如果顾
客指出商品焦了，店员应该向上司或者烹饪负责人进行核
实，回收商品，也可以重新制作。另外，最好定期对烹饪
器具、烹饪时间及调味方法进行重新研究。不能像上述错
误示例中那样断定商品没有问题，而应该像应对范例中那
样，体谅顾客的心情并进行处理。

案例 88

关于积分卡的投诉

"每天的折扣都不一样，我搞不明白。不能用现金付
款吗?"

情况：收银人员询问一位 60 多岁的女性顾客 "您带积分
卡了吗?"，该顾客质问道 "卡我是带了，为什么你们店每天
的优惠都不一样?"，而收银员却答不上来。

对话场景

顾客："你们每天都会问'有积分卡吗?'，于是我就办了
卡，但是我不清楚怎么使用。你们店每天的优惠都不一样，
我想用现金付款。积分卡太麻烦了，我根本没用过，想把卡
停掉。"

错误示例："用现金支付也可以积分。此外，每月的 5
日、15 日、25 日能享有双倍积分。我们在主页、告示栏及
传单上都有相关的通知，请您看一看。"

应对范例："是我们解释不到位，很抱歉。您也可以使用
现金支付。另外，每月带 5 的日期还能双倍积分。用卡的话
能多攒一些积分，因此我推荐您用积分卡。"

很多店都会推荐顾客办卡，但关键是很多顾客似乎在没有充分理解卡的使用方法的情况下就办卡了。因为他们认为有什么优惠、该如何使用，有不明白的地方只要询问工作人员就可以了。因此，我们要掌握好有关卡的知识。此外，对于顾客询问较多的卡的用法问题，可以让总部整理成一张资料，在顾客询问的时候能够提供给顾客浏览，这样会比较方便。

案例 89

对通话保留的投诉

"好几次让我通话保留，究竟要我等到什么时候?"

情况：一位 40 多岁的女性顾客打电话询问商品的使用问题，电话被转接给卖场负责人，负责人没能接电话。然后在通话保留的状态下又被转接到了其他部门，结果无人接听。前后转接了三次，顾客斥责道："你们究竟要让我通话保留几次啊?"

对话场景

顾客："我不过是想咨询一下有没有商品的说明，你们究竟要让我通话保留几次啊? 要让我在电话这头等多久你们才满意? 快查一下，让你们负责人接电话啊。"

错误示例："啊，对不起。所有卖场的负责人都不在电话旁，我们确认也需要时间。对不起，麻烦您留一下电话号码和姓名。"

应对范例："让您久等了，我们非常抱歉。诚如您所言，是我们工作不到位。我叫△△，我查询一下后给您回电话。不好意思，能否请您告诉我您的姓名和电话号码？给您添麻烦了，非常抱歉。大概 30 分钟以后给您回电。"

要点解说

通话保留的时间不能超过 20 秒。如果长至两三分钟，不管其间是放音乐，还是没声音，对于等待的人来说都会很漫长。我们应该接受顾客的意见，对顾客表示"您说得对"。然后报上自己的姓名，询问顾客的姓名和联系方式，负起责任来进行查询，并给顾客回电。同时，预估几分钟以后可以回电，将解决问题需要的时间告诉顾客。

案例 90

关于个人信息的投诉

"会员卡我已经解约了，但还是有 DM 寄来"

情况：于去年解除了会员卡的一位 30 多岁的男性顾客来到店里，投诉道："还有 DM（Direct Mail，直邮广告）寄来，你们没有停止寄送吗？"店员询问其具体情形，他一脸不高兴地说:"我的个人信息你们就这么保留着吗?"

对话场景

顾客:"这里的卡我去年就解约了,但还寄 DM 给我,希望你们不要再寄了。解约卡的时候,你们真的消除个人信息了吗?我很担心,希望你们就此事联系我一下。你们管理很松懈啊。"

错误示例:"您的个人信息吗?我不清楚。请您拨打卡背后的电话号码。"

应对范例:"非常抱歉。是我们与 DM 发送部门的联系不到位,我核实以后与您联系。不好意思,能请您在这里留下您的地址和姓名吗?我查询完以后,会与您就包括个人信息在内的所有问题取得联系。我叫△△,这是本店的电话。"

要点解说

即使卡的登录信息消除了,但如果不将顾客的解约信息另外通知 DM 或者邮件杂志等发信处,发信处可能还会继续给顾客发送。在有些情况下,也可以让顾客自行联系 DM 的发信处,要求其停止寄送。或者让顾客划去 DM 封面上的住址,并用红笔写上"拒绝接收",然后投放到邮筒,寄回发信处。

---

2 月

案例91
对搬运过程中产生的商品损伤的投诉
"我买了盒草莓，骑车回家以后，发现草莓烂了"

情况：一位20多岁的女性顾客买了一盒草莓，店员把草莓和其他商品装在了一起。她骑车回家以后，发现草莓烂了。于是她带着草莓和小票来到店里。

对话场景

顾客："我买了盒草莓，骑车回家以后，发现草莓烂了。这是你们店员没有注意装袋方式造成的，还把我和草莓放在一起的围巾给染红了。你们应该给我换草莓，还要承担洗涤费。"

错误示例："在店里的时候草莓是好的，您骑车回家的时候压烂了，这是您自己的责任。因此，您想要换新草莓的要求，我们不能满足。"

应对范例："您是说您骑车回家以后，发现草莓烂了，是吧。不好意思，您带小票和商品了吗？草莓确实烂了，非常抱歉，我不好做决定，我去叫负责人来。您有时间吗？非常抱歉，请您稍等。"

这是需要交由上司来判断的例子。从店方的角度而言，退货、退款是应对顾客所购买的商品是残次品时的处理方式。而对于生鲜或者精细的商品，要提醒顾客注意携带方式，同时向上司询问，商讨退货、退款事宜。如果可以退货、退款，要加上只限此次的附带条件，这一点很重要。

搬运时容易损伤、破损的商品有：草莓、桃子等较软的水果，番茄等水分较多的蔬菜，仙贝等容易弄碎的点心，容易压坏的日式点心、蛋糕、泡芙、面包、三明治、寿司、豆腐、鱼肉山芋饼等。鲜花要单独包装，才不容易压坏。

此外，要注意酸奶等商品，倾斜会导致容器中水分的分离。还要注意瓶装、罐装的饮料、罐头、米等分量较重的商品，不要压坏其他的商品。

案例 92

对大雪造成的商品运送延迟的投诉

"这是我每天都要购买的商品，如果没有的话我很为难"

情况：一位 40 多岁的女性顾客在早餐时习惯喝酸奶，于是想要批量购买。在某店，店员贴出告示：大雪导致交通混乱，酸奶售罄，且预计今日不会进货。该顾客对店员生气地说："酸奶售罄的话，我该怎么办？"

对话场景

顾客："我每天都要喝酸奶，售罄的话我该怎么办？到底什么时候才能进货？你跟我说预计什么时候也没用，到仓库之类的地方找找，帮我调些酸奶来。"

错误示例："对不起。大雪导致交通瘫痪，我们也没有办法。是天气的原因导致的，请您谅解。进货了我们就会上架的。但现阶段我们不能保证什么时候有货。"

应对范例："真的很抱歉。受到大雪的影响，各地的交通瘫痪了，卡车无法送货。我们计划交通恢复后马上进货，现阶段我们无法预料。给您带来了不便，请您务必谅解。"要这样来请求顾客的谅解，并提议进货后联系顾客。

要点解说

近年来，早春的大雪常导致交通混乱，对物流也产生了影响。蔬菜等生鲜食品价格上涨，生活必需品进不了货。为此，时常有感到不便的顾客前来投诉。不能像上述错误示例中那样，以气候原因为借口，申辩自己无能为力。而应该像应对范例中那样，向顾客致歉，并说明情况，也可以给出进货后立刻联系顾客的提议。

案例 93
对小孩吵闹的投诉
"小孩那么吵，都没人制止"

情况：一位 60 多岁的女性顾客，希望店员能制止在收银台四周吵闹的小孩。她指出："父母在旁边，却完全不管自己孩子，你们去制止一下。在这么繁忙人多的时候，很碍事。"

对话场景

顾客："打扰一下，从刚才开始小孩就一直发出怪声，还在店里来回奔跑，这样很危险啊。人这么多很碍事，父母完全都不管，你们工作人员应该出来制止啊。"

错误示例："啊，对不起。我试着劝说一下，但无法强行制止。"面向孩子父母："那个，孩子这样给其他顾客造成麻烦了，能否让您的孩子稍微安静些呢？这里不是游乐场。"

应对范例："很抱歉，我去拜托那位顾客。"面向孩子父母："尊敬的顾客，打扰了。您疼爱的孩子要是受了伤，我们就过意不去了。能否请您让孩子不要在店内奔跑呢？现在这个时间，店内非常拥挤。要是撞到了器具或者商品就麻烦了。还请您务必配合。"

要点解说

小孩在拥挤的店内奔跑，如果训斥小孩，可能会招致其父母的投诉。"给其他顾客造成麻烦"这样的言辞，会引起顾客的反驳"我们也是顾客啊"。以担心顾客所疼爱的孩子受伤为由，请求顾客的配合，这样的言辞就不会惹顾客生气。

案例 94
对商品混入异物的投诉
"便当里面有塑料碎片"

情况：一位 40 多岁的男性顾客发现前日傍晚购买的便当里混有小型塑料碎片，于是带着便当来到店里。他斥责道："我差一点就吃进嘴里了，为什么会混入这个，你们去查。"

对话场景

顾客："我昨天买的便当里面有小型塑料碎片，我差一点就吃进嘴里了。"

错误示例："啊？这是什么啊？是塑料吧。我也不知道怎么回事，应该不会有这样的碎片混进去的。对不起，您要退款，是吧。啊？您让我去查，这……"

应对范例："很抱歉，您是说昨天购买的便当里面有小的塑料碎片，是吗？您在吃之前注意到了碎片，我就放心了。我退给您便当的钱，真的很抱歉。我会立刻向上司汇报，查明原因。不好意思，请您在这里留下您的姓名和电话号码，好吗？"

　　头发、订书钉、橡皮筋、塑料碎片、金属炊帚的碎片等，商品中混入异物的原因多种多样。店员不能像上述错误示例中那样，称没听说过，断定不会有那样的异物混入，或者质疑顾客。而应对顾客带来证物表示感谢，要像应对范例中那样，询问顾客的联系方式，并表示"查清原因后向您汇报""会积极地解决问题"等，要有诚意地进行应对。

案例95

关于诺如病毒的投诉

"我的家人在吃了便当后，感染了诺如病毒"

　　情况：一位 50 多岁的女性顾客称，家人在食用了从店里购买的食品后，感染了诺如病毒。这是一位有些敏感的顾客，他很生气地说道："是你们店里卫生管理松懈吧，为什么会发生这样的情况，你们应该查明原因后再向顾客汇报。"

　　对话场景

　　顾客："家里两个孩子吃了我昨天在你们这儿买的便当后，身体就不舒服了，到医院一查诊断为感染了诺如病毒。你们卫生管理不行啊。你们要查明原因，然后向我汇报。"

错误示例：“那真是太糟了。不过，诺如病毒只要休息 3 天就能痊愈了。而且有时是通过空气传染的。制作便当的店员当中，没有人感染诺如病毒，这很奇怪啊。”

应对范例：“您孩子被诊断感染了诺如病毒吗？那真是太糟了，我们向您表示慰问。您说是由本店的便当导致的，是吧。我立刻去叫负责人，并对本店的厨房和店员进行调查、核实情况。您购买了本店的便当，却造成这样的麻烦，我们真的非常抱歉。”

要点解说

由诺如病毒所致的食物中毒在冬季很流行，最近出现了大量食用学校供餐、外卖便当后导致食物中毒的感染者。经过调查，在烹饪间的门把手和工作人员的鞋子上检验出了诺如病毒。如果有顾客投诉感染了诺如病毒，店员要让上司出面处理。店方要探望顾客，退还便当的金额，承担治疗费用等，要努力查明原因，还有必要对厨房、烹饪器具、工作服等进行消毒。

了解诺如病毒的相关知识

1. 流行时期	冬季 11 月左右开始流行，从 12 月至次年达到顶峰。
2. 潜伏期	24—48 小时（1—2 天）
3. 症状	恶心、呕吐、腹泻、腹痛、轻度发烧。这些症状持续 1—2 天以

后痊愈，无后遗症。有时即便感染了诺如病毒，也没有病发的症状，或者只有类似于轻微感冒的症状。

4. 治疗方法

无有效的治疗药物（抗诺如病毒药），只能对症治疗。高龄患者或婴幼儿患者要注意脱水症状。止泻药物会延缓病情的恢复，因此不可使用。有时即使症状消失，诺如病毒排出体外也需要1周左右的时间。

5. 起源

1968年，在美国俄亥俄州的诺瓦克市的小学，从集体食物中毒的患者体内检测出了病毒，命名为株诺瓦克病毒。2002年病毒研究会正式将其更名为诺如病毒。

6. 感染途径

①通过接触含有大量诺如病毒的患者的粪便或者呕吐物，导致二次感染。

②在家庭中，或者共同生活的设施中，人和人之间通过飞沫等途径直接感染。

③食品加工者感染了诺如病毒，

人又被加工者接触过的食品
感染。

④食用了生的，或者未经充分加
热处理的，感染了病毒的双壳
贝类。

⑤饮用了被诺如病毒感染的井
水，或者对简易水管消毒不
充分。

7. 发生件数   2013 年发生 328 件（占食物中毒
总件数的 35.2%），患者数达
12672 人（占食物中毒总人数的
60.9%），在食物中毒诱因中占
第一位。死亡人数为零。

8. 预防   ①要核实食品加工者本人及其家
属是否出现呕吐、腹泻、恶心等
症状（有此类情况的人员不可从
事食品加工作业）。

②对有可能感染诺如病毒的双壳
贝类食品，要在 85℃—90℃的温
度下加热 90 秒以上，直至内部
充分加热。用来烹饪双壳贝类食
品的器具要隔离存放。

③洗手注意事项：指甲要剪短，

肥皂要起泡沫，拇指和指甲等部位要仔细清洗两次，用流水充分洗净，用纸巾或干毛巾擦干。肥皂可以去除手上的油脂，病毒也容易被清除。

④烹饪器具要用热水煮沸1分钟以上，或者用次氯酸钠浸泡擦拭，然后擦去药剂就可以消灭病毒。

9. 出现感染者的情况　清理呕吐物的时候，要穿一次性围裙，戴一次性口罩、手套，首先用纸巾清理，然后以次氯酸钠进行擦拭，把废弃物放入塑料袋中密封丢弃。还要对门把手、亚麻类物品进行消毒。如果发生集体感染的情况，最好迅速向保健所求助。

※如上述感染途径第③条中那样，由食品加工人员引起的感染案例近年来有增加的倾向。

※现阶段，诺如病毒还很难进行培养与分离，人们很难查明原因和对其进行抑制。食物中毒病例中有七成不能查明其食品源。

案例 96
对当下流行语的投诉
"请不要使用错误的日语"

情况：一位 50 多岁的女性顾客在收银台付账，收银的是一名 20 多岁的男性兼职工作人员，他跟顾客核对商品件数时说："○○两件对了吧?"于是该顾客投诉该店员"日语使用错误"。

对话场景

顾客："你说的'对了吧'是什么呀?不要这么理直气壮地使用错误的日语，你要说正确的日语。真是的，现在的日语都被说得乱七八糟的。"

错误示例："啊?错了吗?我常听人这么用啊，对不起。您觉得正确的说法应该是'对吧'，我倒觉得我的说法更尊敬些，没觉得有很大区别啊。"

应对范例："非常抱歉，我应该说'对吧'。我的措辞不准确，让您听着不舒服。给您带来了不愉快，我很抱歉。今后我会加倍注意不使用类似的语言。谢谢您批评指正!"

很多在便利店工作的年轻人会使用流行语和年轻人用语，也被称作便利店用语，比如"付款方式这样就可以了吧"这种使用过去式的说法，还有"千元纸币之类的也可以吗""完全可以""真是不妙啊""难道不好吗"之类的表达方式。然而，这些仅限于同事之间使用，对顾客我们要使用正确的敬语和日语。

案例 97

因被推车撞到而产生的投诉
"我被推车撞到，腿受伤了"

情况：一个 20 多岁的男性兼职员工推着装货的推车在店内行走时，撞到了一位 30 多岁女性顾客的腿。该店员没有意识到撞到了人，因此想要继续前行，于是该顾客非常生气地投诉店员撞到了她也不道歉。

对话场景

顾客："你们负责人是谁？刚才有个店员推着推车撞到了我的腿。我的腿受伤还出血了，他却连一句道歉都没有，就那么走了。是他自己不小心撞上来的，太过分了。你们是怎么教育员工的啊？"

错误示例："啊，对不起。他是打工的，所以没注意到吧。我们提醒了他很多次，营业期间一定要注意，他就是不听。我去提醒他一下。尊敬的顾客，您能行走吗?"

应对范例: "非常抱歉。听说我们的店员推车撞到了您的腿，还让您受伤了，我们深感抱歉。我带您去医院，您疼吗? 我跟上司核实一下，让我们承担您的医疗费。今后我们会严肃教育我们的店员，非常抱歉。"

要点解说

虽然我们教育员工在营业期间要优先考虑顾客，尽量不要用推车，但有时还是会看到有店员推着运送商品的推车在顾客当中穿行。工作人员在推推车的时候一定要注意顾客，应该走在推车的前头。如果让顾客受伤了，要深刻地反省，并真诚地致歉，要询问顾客的姓名和联系方式，带顾客上医院。向上司汇报，如果需要承担医疗费用等也要切实跟进。

案例 98

有关防灾情况的投诉

"我询问店员店里的防灾情况，她答不上来"

情况: 一位 50 多岁的男性顾客，看了电视上回顾东日本大地震的节目后，向店里的一个 20 多岁的女性兼职店员，询问店里的耐震设计、避难引导是否可靠。结果该店员回答得语无伦次，遭到了该顾客的投诉。

对话场景

顾客："昨晚我在电视上看了有关地震的节目，变得有些担心。这栋大楼抗震吗？万一发生地震，你们怎么引导大家避难？有没有进行避难训练？"

错误示例："啊，这个……我是兼职人员，不参加避难训练的。耐震设计之类的，嗯……不知道店里有没有写啊。也许在入口处之类的地方有写吧。啊，我去问一下知道的人。"

应对范例："我们的员工没能好好地回答您，真是太难为情了。我们会对全体员工进行彻底的教育。本店采用的是最新的耐震设计。因为是防震构造，所以地震时即使摇晃也没有倒塌的危险。我们每个月都会组织员工实施避难训练，非常时期会优先引导顾客进行避难。届时请您听从工作人员的指挥。"

要点解说

　　自 2011 年东日本大地震发生后，越来越多的顾客对楼房的耐震构造，以及地震发生时的避难引导抱有疑问。大型的商业设施都会实施避难训练，我们一定要参加。我们在非常时期有引导顾客避难的义务。不能只顾自己避难，要在确认所有顾客都已避难后，自己再去避难。

---

5 关于消费税的投诉

时隔 17 年，自 2014 年 4 月 1 日起，消费税由 5% 提升到 8% 后，顾客就接二连三地到店里来询问和投诉此事。在此，列举几个代表性的投诉案例。

案例 99
有关支付消费税的投诉
"其他地方没有征收 8% 的消费税啊"

情况：附近的竞争店采取了价格不变的措施，从那家店过来的一位 50 多岁的男性顾客向一个 20 多岁的女性店员抱怨道："其他的店不增收消费税，还是维持价格不变，为什么你们店要收 8% 的消费税啊？"

对话场景

顾客："搞什么啊，这家店居然要收取 8% 的消费税。其他地方不要 8% 啊，也收就 3%。反正卖的都是相同的商品，你们也不调价格不好吗？"

错误示例："虽然您这么说，我们还是做不到。价格是由总部定的，禁止下调增税部分的金额。您要是不乐意的话，去那家店购买不就行了吗？"

应对范例："真的很不好意思，消费税是国家规定的税金。不论对哪位顾客，我们都要征收消费税的。这是要上交给国家的税金，请您务必理解和配合。"

（顾客不接受的情况下）"政府出台的消费税转嫁对策特别措施法，对将消费税转嫁到商品价格中的行为是予以肯定的。"

要点解说

在消费税转嫁对策特别措施法中，是允许商家将消费税转嫁到商品价格中去的。该法律禁止大规模的零售业者在议价等过程中，拒绝中小企业实施消费税转嫁的行为，旨在保护中小企业。不论如何，企业都必须在商品价格上适当地增加税收的份额，不可在广告语中包含类似"减免消费税上调的份额"这样的表达。像上述错误示例中那样的言辞是很没有礼貌的，我们不能单方面申辩，而要请求顾客的理解与配合。

※注意在这个案例中，竞争店在消费税上采取的"未在广告中表示不调价的"举措是得到法律认可的。

案例 100
有关消费税增值的投诉
"你们不搞消费税返还的促销活动吗?"

情况：一位对消费税增值感到不满的 30 多岁的已婚女性，带着孩子来到店里。对生鲜食品柜台的一个 20 多岁的男性店员说，希望店里举办消费税返还的促销活动，店员感到很纳闷。

对话场景

顾客："我有三个孩子，生鲜食品的消费税增值让我很头疼。你们店不搞消费税返还的促销活动吗？你们如果搞活动，我想大家肯定会买更多的商品，为什么不搞呢?"

错误示例："您问我为什么不搞活动，我也不知道啊。促销活动等都是营业策划部门搞的，我不太清楚……今后好像也没有这个计划，我也不知道为什么不搞这样的活动。"

应对范例："感谢您提出的宝贵意见。实际上，法律明文禁止消费税返还促销活动。我们打算通过促销或者展销的方式，向顾客提供比以往更优惠的商品。您的意见，我会转达给活动策划负责人的。今后也请您经常光顾本店。"

对消费税增值感到不满的顾客不占少数。有的顾客甚至向店员提出希望搞消费税返还的促销活动。消费税转嫁对策特别措施法对"消费税返还促销活动""减免消费税上调份额""对消费税相当的份额实施积分返还"等形式的活动予以禁止。不要像上述错误示例中那样，装糊涂说自己不知道。要像应对范例中那样，对顾客的意见表示感谢，并表示今后会策划相关的活动，这才是积极的应对方式。

案例 101
有关税额标识的投诉
"分不清是税后还是税前"

情况：一位 30 多岁的男性顾客看到标价牌，以为是含了消费税的价格，拿出 1000 日元的纸币付账时，发现钱不够，抱怨价格的标识不明确。

对话场景

顾客："搞什么啊，标价牌上写着 959 日元我就相信了，所以拿出了 1000 日元，结果却说要 1035 日元。真是搞不懂，一开始就标上总价不好吗？这样很容易搞错啊，真是让人不舒服。"

错误示例："啊，对不起。从 4 月 1 日起价格标识又改了，所有标价都不含消费税。标价牌下方应该写了'不含税'的，尊敬的顾客您看到了吗?"

应对范例："非常抱歉，从 4 月 1 日起随着消费税提升到了 8%，标价也全都改成了不含消费税的标识方式。本店不含税的标识不够清晰，再加上未能向您充分说明，给您增添了麻烦。我们会再增加一些说明性的标识，明确标价，也会要求我们的员工尽量为顾客解释清楚。"

要点解说

自 2014 年 4 月 1 日以来，有关部门对商品价格标识的限制变得宽松了许多，不再要求标识总金额，而更改为"〇〇日元（不含税)""〇〇日元+税""〇〇日元+△△税"等标识形式。但是，由此产生了一些来自习惯看商品标识总金额的顾客的投诉，比如"还是标识总金额好懂一些""我是按照这个标价牌上的金额准备现金的，结果金额不一样"等。我们要像上述应对范例中那样，求得顾客的理解。

案例 102
有关商品分量的投诉
"和以前相比，商品的量变少了"

情况：一位 40 多岁的女性常客，总是在下班回家的路上来购买副食品。她向店员抱怨："和以前相比，沙拉等菜肴的量变少了，你们这是趁势涨价啊。"

对话场景

顾客："我每个礼拜都会在这家店购买副食品，感觉最近菜的量减少了。包装盒的底抬高了，分量也减轻了，感觉商品有些单薄。或许是消费税提高了，而你们没有抬高价格的缘故。"

错误示例："对不起。我倒是没有看出来，您看得出来分量减少了吗？不会是您误解了吧？因为只有您一个人这么说。别的顾客没有说过。"

应对范例："感谢您一直以来光顾本店。您是说副食品的分量比以前少了，是吧。我跟烹饪负责人核实一下，您不赶时间吧？""让您久等了。我跟烹饪负责人核实了，菜的分量没有变化。据说最近单身的顾客，以及追求健康的顾客增多了，因此增加了一些分量相对较少的商品。是我们解释不到位，给您添麻烦了。"

要点解说

上述场景中，顾客投诉每周都会购买的副食品的分量减少了，错误示例中，店员一本正经地否定了顾客的说法，而我们应该对顾客的光顾和所提出的意见表示感谢，如果不清楚具体情况，要向烹饪负责人进行情况的核实。在应对范例中，店员则告诉顾客，为顺应消费者近来的健康饮食需求，本店提供了量少的小包装副食品。

---

6 关于食物过敏的投诉

数年前起，一直有对特定食物过敏的儿童，因为误食了学校提供的含有荞麦粉、乳制品等成分的食品，导致过敏性休克，甚至死亡的事故发生。正因为如此，人们提高了对过敏这一话题的关注。我们应该设身处地地去体察拥有过敏性体质孩子的家长的心绪，换位思考，并认真地去应对这类投诉。

商家有义务标识出可能导致过敏的食品，在原有的小麦、荞麦、鸡蛋、牛奶、花生、虾、螃蟹 7 种食物的基础上，还应增加猪肉、鸡肉、牛肉、乌贼、鲑鱼、青花鱼、鱼子、鲍鱼、大豆、山药、核桃、松茸、苹果、橙子、香蕉、桃子、猕猴桃、明胶、芝麻、腰果这 20 种食物（芝麻和腰果于 2013 年 9 月成为须被标识的食物）。另外，店内烤制的面包、称重销售的副食品，容器上可供标识的面积不足 $30cm^2$ 的加工食品等，有时没有标识原材料，或者略去了标识。我们可以在标价牌上进行标识，或者在货架等位置上标识出"对过敏物质有不清楚的地方，请询问工作人员"之类的内容。

2014 年 6 月 25 日，日本消费厅出台了新的标识基准案，自行加工的食品也有义务标识原料成分，对钠等物质的标识方法也有了变更（2015 年 6 月计划实施）。

在食品的营养成分中必须标识热量、蛋白质、脂肪、碳水化合物、钠的含量。钠含量的标识为让消费者能够看得明白，应标识成相应的食盐含量。

此外，因为人们很容易猜测到蛋黄酱与面包中含有过敏性物质，所以过去，蛋黄酱与面包的包装上都未标识出过敏性物质。但是今后，蛋黄酱必须标识"含有鸡蛋"，面包必须标识"含有小麦"。

表 6　在食品标识中常见的表示范例

本产品中所含有的过敏性物质，用深色在下面的方框内显示				
小麦	荞麦	鸡蛋	牛奶	花生
虾	螃蟹	猪肉	鸡肉	牛肉
乌贼	鲑鱼	青花鱼	鱼子	鲍鱼
大豆	山药	核桃	松茸	苹果
橙子	香蕉	桃子	猕猴桃	明胶
芝麻	腰果	—	—	—

出处：过敏原食品的名称摘自日本厚生劳动省主页

表 7　关于食物过敏用语的说明

过敏	进入身体的异物导致人体产生过敏反应，并对身体带来伤害

变态反应原	导致过敏的物质。其种类和量因个体差异而不同，同时还受到当时人体状态的影响
食物过敏	指食用食品时导致的过敏反应
食物过敏的症状	嘴唇肿起、痒、荨麻疹、腹痛、呕吐、腹泻、咳嗽、哮喘
过敏性休克	食物过敏的人食用了含有变态反应原的食品，数分钟至30分钟以后出现血压下降、呼吸困难、意识模糊的症状，如果治疗不及时会导致死亡
肾上腺素自动注射器	用于出现过敏性休克的时候，在接受医生的治疗之前，先缓和一下症状，防止休克的辅助治疗药物（肾上腺素自助注射药物），是注射器状的药物。患者可以随身携带

案例103

有关鱼类过敏的投诉

"吃了炸鱼，晕过去了"

情况： 一位20多岁的女性顾客来电说，她在前一天购买了油炸青花鱼，放在便当中带到公司食用。午餐结束后，站起来时突然失去意识晕倒了，并被送往医院。据说她没有过敏史。

对话场景

顾客： "不好意思打扰了，我前天在你们店里买了油炸青花鱼，昨天放在便当中带到单位吃，结果吃完以后晕过去了。因为上面没有过敏标识，我没注意就购买了。"

错误示例："青花鱼是过敏性食物啊，您不知道吗？所以您才去医院了啊。对于过敏，您一定要自己注意啊，我们店方不可能一一向顾客询问是否过敏的。"

应对范例："您身体怎么样了？您在本店购买的炸青花鱼导致您身体不适，我们非常抱歉。油炸食品柜台，都是本店自主销售的商品，没有特别标明原材料和过敏食物。我跟上司核实情况以后，退还您购买炸青花鱼的钱。请您稍等片刻好吗？"

要点解说

油炸食品等称重销售的商品柜台，或者在顾客根据需求自取商品的柜台，很多时候略去了原材料的标识和过敏标识。但是在POP或者标价牌上要将这些标识出来，这样顾客可以更为放心地购买。大家或许认为过敏多发生在孩子身上，其实成人在某些时候也会出现过敏症状。我们不能像上述错误示例中那样，将责任推到顾客身上，而应该和上司商量，视情况采取退款等应对措施。

案例104
怀疑食物过敏
"孩子吃了冰激凌，身体出现不适"

情况：一位30多岁的女性顾客，在店铺购买了巧克力冰激凌，给 5 岁的孩子食用以后，孩子变得呼吸困难，于是她带孩子上了医院。她投诉冰激凌没有过敏标识。

对话场景

顾客："昨天我在这里买了巧克力冰激凌给孩子吃，结果导致孩子呼吸困难。正因为没有过敏标识，所以我觉得不要紧才给孩子吃的。"

错误示例："巧克力冰激凌里面不含坚果吧。有没有和其他食物一起食用啊？"

应对范例："非常抱歉。您的孩子食用了昨天您在本店购买的巧克力冰激凌，导致身体出现不适，是吧。现在您孩子身体状况怎么样了？有没有做检查？制作含坚果的冰激凌与巧克力冰激凌的是同一间厨房，我们确实应该标识清楚。我去叫负责人来，请您稍等一下好吗？"

要点解说

在顾客对食物过敏提出投诉时，上述错误示例中，店员认为可可不是过敏物质，从而质疑顾客。而在应对范例中，店员向顾客致歉，并分析了原因，称可能是在同一厨房制作含坚果的商品导致坚果混入。称重销售的商品虽然没有强制标识的规定，但点心类的商品多含有坚果、乳制品、小麦等成分，最好在标价牌上标识出来。负责人在处理时，应根据顾客所提供的医生的诊断书来返还金额，并承担医疗费用。

案例 105

有关水果过敏的投诉

"我吃了桃子以后，变得呼吸困难"

情况：一位 20 多岁的女性顾客前几天买了桃子，晚饭后在家食用，突然喘不过气，出现了呼吸困难的症状。被救护车送至医院，诊断为桃子过敏。她投诉道桃子没有过敏标识。

对话场景

顾客："前几天我在这买了桃子，晚餐后吃了，变得呼吸困难，被救护车送到了医院。以前从来没有发生过这种事。你们不是有义务标识过敏物质吗？"

错误示例："也有对桃子过敏的吗？不过，会不会过敏我们店方不得而知，因此顾客在购买的时候要自己注意。而且，水果等商品的过敏标识也不太常见啊。"

应对范例："您说在本店购买的桃子导致您呼吸困难，是吗？我们的商品导致您身体不适，真的非常抱歉，成人确实也会因桃子等水果出现过敏症状。另外，虽然对称重销售的商品的标识没有硬性规定，但今后我们会对过敏标识进行商讨的。"

　　上述错误示例中，暴露了店员缺乏相关知识的问题，并且还认为过敏是顾客自己的责任，应对很冷淡。而应对范例中，店员对顾客所购买的商品致使身体不适这一事实表达了歉意和关心。成年人也会出现过敏症状，而且过敏性物质在逐年增加。店方要在告知顾客过敏性物质的方式上下功夫。另外，如果顾客提出退款及赔偿医疗费的要求，要交由负责人来判断。

案例106

对过敏标识的疏漏的投诉

"没有过敏标识"

　　情况：一位50多岁的男性顾客，大声地投诉道："盒装菜肴里含有小麦，却没有标识出来，是否为转基因食品你们也应该要标识出来。"因为其家人中有对食物过敏的孩子，所以对过敏性物质变得很敏感。

　　对话场景

　　顾客："这个副食品柜台的负责人是谁？盒装菜肴里没有过敏物质的标识。怎么看里面都有鸡蛋啊，为什么不标识出来？其他的食品上都有标识吧。我差一点就买错了。"

　　错误示例："这里面是有鸡蛋。确实如您所说没有标识出来。在便当、副食品等商品中，很多都不标识过敏性物质的啊。专业方面我也不是很懂，能请您往总部打电话问下吗?"

应对范例:"非常抱歉。确实商品里面含有鸡蛋，但是没有标识出来。称重销售的商品是可以略去原材料标识的，但是过敏物质的标识的确很重要，我会立刻联系上司，进行改善。感谢您的批评指正，我们会重新审视食品标识的。"

要点解说

为了人们的健康而存在的食物如果对身体有害，那就本末倒置了。体察顾客内心的不安，在称重销售的副食品柜台也标上让人一目了然的过敏标识的话，顾客会很高兴。过去，肥皂中的小麦成分引发过敏反应的事例层出不穷。皮肤上产生的过敏症状，比饮食更为严重。

7　恶意投诉和诈骗

　　恶意投诉者有时会将投诉演变成妨碍营业、威胁、恐吓、诈骗等的犯罪行为，或者导致骚扰受害等违法行为的产生。我们要掌握相关法律知识，就店铺能处理的范畴制订相关的指导方针。有些情况下，要早些寻求警察、律师等专业人士的帮助，来解决问题。

案例 107
在其他顾客面前吵嚷的顾客
"店里所有的商品我都吃过了，都很难吃"

　　情况：一位 30 多岁的女性顾客，在其他顾客面前大声地嚷嚷，说她吃过店里所有的商品，都很难吃。而店里的商品超过 20 种，且每个季节都会更换。她看上去并不是常客，是很陌生的顾客。

对话场景

顾客："这个很难吃，那个也很难吃，都很难吃。我吃过这家店所有的商品，所有都难吃得难以下咽。不能在这家店买，因为都很难吃。真不知道在这家店买东西的人是怎么想的。"

错误示例："尊敬的顾客，您在店里这么说让我们很难办啊。您说您吃过所有种类的商品，这里有几十种商品，这不可能吧。如果您觉得难吃得难以下咽，您带着商品和小票来，我们随时给您退钱。"

应对范例："尊敬的顾客，您是说本店的商品不合您口味，是吧，能请您说得详细一点吗？不好意思，您今天带商品和小票了吗？我给您退款。让您站着说话是我们太不周到了，不好意思，请您移步到那边的收银台，我们再谈。我领您过去。"（如果有会客室，可以带顾客到会客室再谈）

要点解说

这是一个似乎造成了营业妨碍的例子，如果像上述错误示例那样，不由分说地认定是顾客不好，就会引起争吵。而在应对范例中，店员注意自己的言辞，对顾客的说法进行确认，并带顾客去其他收银台，或者其他顾客看不到的场所。退款仅限于应对顾客带了小票和商品的情形。如果清楚购买日期和所购商品，可以在日志中寻找。也可以向顾客表达"感谢您的批评指正，我会跟上司汇报，对商品进行重新评估"这样的话来进行应对。

案例 108

喝醉了的顾客

"你看不起人啊。跪下来道歉"

情况：一位 50 多岁的男性顾客，到店里来找女收银员的茬。收银员不知该如何应对而苦笑了一下，结果该顾客立刻破口大骂。他口齿不清，面部通红，看上去已经酩酊大醉了。

对话场景

顾客："你刚才嘲笑我了吧。什么啊，看不起我啊，你这个丑八怪。你对顾客真没礼貌，给我道歉。想笑一笑就糊弄过去吗？你不跪下来给我道歉的话，我是不会原谅你的。"

❌错误示例："那是您误会了，我没有笑您。您有什么权利要求我下跪呢？对什么都没有购买的人，我也必须称呼'尊敬的顾客'吗？"

⭕应对范例："尊敬的顾客，如果有冒犯的地方我给您道歉。但是，很不好意思，不论什么样的顾客都不能要求店员下跪。而且，这样会给其他顾客造成困扰，饮酒过度的情况下请您不要光临本店。今天请您先回去。"然后请保安来处理。

上述场景中，心情不好的男性顾客喝得酩酊大醉，辱骂店里的工作人员。这种情况下，最好立刻联系保安一起来应对。之前在某时装店，一位女顾客强迫店员下跪，并将下跪的照片上传到了网络。事后该公司报了警，女顾客被逮捕了。要知道强迫下跪有时是违法行为。

案例109
应对骚扰店员的行为
"她每天在做什么，我都知道"

情况：一位30多岁的男性顾客，每天都来找店里一个40岁左右的女店员。询问她的姓名和电话，打听涉及个人隐私的问题，还称"她每天在做什么，我都知道"，并且纠缠不休。

对话场景

顾客："〇〇小姐在吗？她躲哪里去了？我每天都来，还骗我说不在。你们适可而止吧，她每天在做什么，住在哪里，我都清楚。躲起来我也会找到的。"

错误示例："请您适可而止。您给我们造成困扰了。您是跟踪狂吧。您停止您的所作所为吧，我们要报警了。希望您不要再纠缠我们的店员。"

应对范例："您是和我们的店员有什么约定吗？我可以代

为咨询。不过，公司规定店员的个人信息，在未经本人同意的情况下不可以透露。此外，请您务必谅解我们是不处理私事的。您这样会对其他顾客造成困扰，请您避免这种行为。我们也会采取正当的措施。"

要点解说

在上述应对范例中，店方针对顾客打听店员个人信息，纠缠店员的行为，恰当地表示涉及个人隐私无法回答，并解释这样会给其他顾客造成困扰，同时暗示有可能报警。而在错误示例中，店员称对方为跟踪狂，这就给了顾客反击的机会。首先我们要瞅准该顾客的来店时间，让安保人员在相应的柜台待命，以达到制止其行为的目的。

案例 110

应对骗取住院费的行为

"我妻子吃了便当之后住院了，你们要支付住院的费用"

情况：一位 60 多岁的男性顾客称，其妻子买了便当食用之后，吃坏肚子住院了，他要求店方支付便当和住院的费用。其他的店员想起该顾客以前到其他柜台也说过同样的话。

对话场景

顾客："昨天，我妻子买了这里的便当，然后身体不适住院了。我没有小票，便当也扔掉了。这种情况你们应该退款，同时承担住院费用。否则我会向保健所举报你们。"

错误示例："尊敬的顾客，您的家人真的身体不适吗？您没有商品和小票的话有些难办。另外，要我们支付医疗费用的话，需要提供医生的诊断书。是在哪家医院就医的呢？"

应对范例："您夫人食用了便当后身体不适，我们真的很抱歉。我们给您退款，请您在这个单子上写下您的姓名、住址和电话。我马上去叫上司来，和上司一起去探望您夫人。您夫人购买便当的确切日期和时间是什么？我们有义务上报保健所的。"

要点解说

现实中确实存在遭遇过这类诈骗的店铺。同情顾客遭遇的上司用自己的零用钱退款给顾客。但随后，附近的连锁店也遭遇了同样的诈骗行为。遇到食物中毒的投诉，为了防止再次发生食物中毒，我们一定要仔细查明原因，并向保健所等进行汇报。遇到上述事例，首先要关心其夫人的身体情况，询问顾客地址，试探性地将要去探病的想法传达给顾客。

资料　投诉应对及其法律知识

前来投诉的顾客有时会让投诉升级，其言行或许会演变成妨碍营业或者勒索罪。我们要掌握一定的法律知识，在必要的时候也可以寻求律师的帮助。

1. 营业妨碍

在店铺前大声散布，或者在网上散布"这家店的便当造成了食物中毒，被停止营业了""这家店出售的商品伪造了产地"之类的谣言，故意在商品内混入针、农药等物品，以第三方的名义要求店方配送商品到第三方的住址等妨碍营业的行为已构成违法。

- 刑法第 233 条（信用损毁及业务妨害）

对散布虚假谣言，或者使用诡计损毁他人信用、妨碍他人业务者，处以 3 年以下有期徒刑或 50 万日元以下的罚款。

- 刑法第 234 条（威力业务妨害）

使用威力妨碍他人业务者，遵照前条。

- 刑法第 234 条第 2 款（损坏电子计算机等业务妨害）

损坏他人业务用的电子计算机，或业务用的电磁记录，或者在他人业务用的电子计算机中输入虚假信息、不正当指令，又或者用其他方法让电子计算机不按其使用目的来运作，或与其使用目的相悖地运作，从而妨害他人业务者，处以 5 年以下有期徒刑或者 100 万日元以下的罚款。

2. 强迫下跪

困住对方、逼迫其写道歉信，向店员投诉、要求其下跪等行为，有可能构成强迫罪。没有做的义务，却受到诸如"杀了你""揍你""我会让你在公司干不下去""你不管家人的死活吗"之类的"危害警告",这就构成了威胁行为。

- 刑法第 222 条（胁迫）

以加害生命、身体、自由、名誉或者财产威胁他人的，处 2 年以下有期徒刑或者 30 万日元以下罚金。

- 刑法第 222 条第 2 款

以加害亲属的生命、身体、自由、名誉或者财产胁迫他人的，与前项同。

- 刑法第 223 条（强迫）

以加害生命、身体、自由、名誉或者财产进行胁迫，或者使用暴行，使他人实施并无义务实施的事项，或者妨害他人行使权利的，处 3 年以下有期徒刑。

- 刑法第 223 条第 2 款

以加害亲属的生命、身体、自由、名誉或者财产进行胁迫，使他人实施并无义务实施的事项，或者妨害他人行使权利的，与前项同。

- 刑法第 223 条第 3 款

前两项犯罪未遂者，应当惩罚。

- 刑法第 249 条（恐吓）

恐吓他人，使之交付财物的，处 10 年以下有期徒刑。

- 刑法第 249 条第 2 款

以前项的方法获取财产上的不法利益，或者使他人获取不法利益，与该项相同。

- 刑法第 246 条（欺诈）

欺骗他人，使之交付财物的，处 10 年以下有期徒刑。

3. 制约跟踪狂等行为的相关法律（跟踪狂制约法）

本法律于 2013 年 7 月施行。对特定的对象怀有爱恋情愫及其他方面的好感，或是为了弥补自己得不到情感上的满足的怨恨之情，而对该对象或者其家人实施的行为，法律规定此类行为为"纠缠行为"，应当制约。

所谓纠缠行为包括：①纠缠、伏击、不请自来；②告知对方正在对其监视的行为；③要求见面、交往；④粗暴的言行；⑤打无声电话、不停地打电话、发传真、发电子邮件；⑥寄送污物；⑦中伤名誉；⑧性方面的精神伤害。法律规定反复实施上述纠缠行为的，视为跟踪狂行为。①—④仅限于人身的安全、居住的安稳或者名誉受到侵害，让被害者感到行动自由受到限制的情况。在东京都，可以找警署商量，警署根据申诉给出警告，公安委员会下达禁止命令（不遵守禁止命令的情况下，可处以 1 年以下有期徒刑，100 万日元以下的罚款。如果申诉人提出诉讼并送检，处以 6 个月以下有期徒刑，50 万日元以下的罚款）。

4. 暴力团相关人员

各都道府县的暴力团排除条例，是为了确保居民安全、生活的平静，帮助事业活动的健康发展而实施的。例如在东京都，于2011年7月开始实施的暴力团排除条例提出不惧怕暴力团、不向暴力团提供资金、不利用暴力团、不与暴力团来往。

投诉人的诸如"想走就能走得掉吗""展现一下你的诚意"之类的言辞不会被追究胁迫罪、恐吓罪。但如果投诉者说出"黑帮里面有我认识的人""展现一下你的诚意，有诚意的话给我100万日元"之类的涉及具体内容的言辞，就可能涉及违法行为，这种情况可以找警察商量。

作为参考，以下列举某公司的会员规范中的有关暴力团排除内容。

案例（某公司的暴力团排除规定）

● 暴力团成员以及脱离暴力团未满5年者。

● 暴力团候补成员，暴力团关联企业的干部、职员，股东会上的混子，标榜社会活动的无赖，特殊智能暴力集团，上述的利益共存者或与之等同者。

● 自行或者利用第三方施行以下任何行为的人：

暴力要求行为、超越法律责任的不当要求行为、与交易相关的胁迫性的言行，或者使用暴力的行为、散布谣言、使用诡计或威力损坏本公司信用，或者妨碍本公司业务的行为，或者等同于以上的行为。

投诉案例索引

1 商品投诉

案例 1　因顾客对食品的运送、保管失误而引发的投诉
"糖米糕（在日本女儿节食用的一种糕点）发潮了"　　31

案例 2　有关保质期的投诉"出售过期商品"　　32

案例 3　有关商品标价的投诉"买 3 个就可以打折的商品，却没有给折扣"　　35

案例 9　对商品的投诉"炸猪排肉呈红色，有没有炸熟啊?"　　43

案例 11　对将掉在地板上的商品放回货架上的行为的投诉"把掉在地上的点心放回货架上，真脏"　　45

案例 19　作为母亲节礼物而购买的鲜花，很快就枯萎了"购买的鲜花当天就谢了"　　56

案例 25　商品里面有虫子"蔬菜里有青虫"　　64

案例 26　有关异物混入的投诉"海鲜盖饭的生鱼片中有鱼刺"　　65

案例 27　所购买的商品导致身体不适"食用了店里购买的商品，吃坏了肚子"　　67

案例 28　对店中商品的保存方法的投诉"把常温保存的商品放在阳光直射的地方"　68

案例 33　有关制造商的问题的投诉"巧克力变色了"　74

案例 35　对漏放保冷剂的投诉"这么热的天居然不放保冷剂"　77

案例 52　对过了保质期的商品的投诉"冷冻食品的保质期已经过了"　99

案例 59　对商品的新鲜程度的投诉"鱼的颜色不好，是不是不新鲜了?"　109

案例 60　有关商品损坏的投诉"蔬菜烂了"　110

案例 61　有关国外产的农产品损坏的投诉"中国产的松茸坏了"　111

案例 62　有关保质期的投诉"喝了临近保质期的果汁，导致身体不适"　113

案例 85　有关食材的不当表示的投诉"年节菜的说明中写的是鲍鱼，但这不是鲍鱼仔吗?"　144

案例 91　对搬运过程中产生的商品损伤的投诉"我买了盒草莓，骑车回家以后，发现草莓烂了"　160

案例 94　对商品混入异物的投诉"便当里面有塑料碎片"　164

案例 95　关于诺如病毒的投诉"我的家人在吃了便当后，感染了诺如病毒"　165

案例 103　有关鱼类过敏的投诉"吃了炸鱼，晕过去了"　182

案例 104　怀疑食物过敏"孩子吃了冰激凌，身体出现不适"　　　　　　　　　　　　　　　　　183

案例 105　有关水果过敏的投诉"我吃了桃子以后，变得呼吸困难"　　　　　　　　　　　　185

案例 106　对过敏标识的疏漏的投诉"没有过敏标识"

　　　　　　　　　　　　　　　　　186

案例 110　应对骗取住院费的行为"我妻子吃了便当之后住院了，你们要支付住院的费用"　　　192

2 服务投诉

（1）待客

案例 12　对让顾客久等的投诉"到底要让我等多久？"

　　　　　　　　　　　　　　　　　47

案例 21　有关试饮的投诉"买过的客人就不让试饮了吗？"

　　　　　　　　　　　　　　　　　58

案例 45　对训斥孩子的工作人员的投诉"为什么孩子必须赔偿打破了的商品？"　　　90

案例 47　不按顺序排队的顾客"我就买一件商品，有什么关系呢？"　　　　　　　　93

案例 93　对小孩吵闹的投诉"小孩那么吵，都没人制止"

　　　　　　　　　　　　　　　　　162

（2）技术

案例 13　对店员漏放商品的投诉"明明买了 5 件商品，

却只给了 4 件" 48

案例 14　有关在赏花时食用的菜肴中漏放筷子的投诉"我要求放数人份的筷子，却没有放" 49

案例 15　有关发票的投诉"发票抬头的字太丑了" 50

案例 37　有关找零的投诉"我刚刚明明给的是 1 万日元" 80

案例 39　有关中元节的商品受理失误的投诉"礼签上的名字写错了" 82

案例 40　关于礼签上签名的投诉"礼签上的字很丑" 84

案例 79　对装袋速度慢的投诉"这个收银台的店员动作慢吞吞的" 136

（3）礼仪

案例 22　对员工私下闲谈的投诉"店员在聊天，都不打招呼" 60

案例 30　有关工作服的投诉"工作服的破损、污渍很明显" 70

案例 31　对找零方式的投诉"零钱四散，不觉得很过分吗？" 72

案例 32　对店员没有笑容的投诉"收银员没有笑容" 73

案例 34　对挥着汗水烹饪食品的员工的投诉"汗水会流到菜肴里吧？" 76

案例 36　关于工作人员的措辞的投诉"对待顾客的措辞很粗鲁" 78

案例 42　关于工作人员服装的投诉"穿得像是要去海边的房子度假一样"　　86

案例 67　对店员之间交谈的投诉"收银台的员工在指责顾客"　　120

案例 69　致电客服中心的顾客"辞掉那位员工"　　123

案例 75　对缺乏商品知识的店员的投诉"至少要能准确地给我指出商品的位置啊"　　131

案例 86　对店员递卡方式的投诉"那种递信用卡的方式，算什么啊?"　　153

案例 96　对当下流行语的投诉"请不要使用错误的日语"　　170

3 店铺设施、系统、配送、运营的投诉

（1）店铺设施

案例 16　有关停车场服务的投诉"至少要了解自己公司的服务吧"　　51

案例 17　黄金周期间多发的投诉"太拥挤了，进停车场花了 1 个多小时"　　53

案例 24　有关店铺卫生情况的投诉"食品货架上有好多灰尘"　　62

案例 29　有关臭味的投诉"有一股像是东西腐烂了的臭味"　　69

案例 38　有关节电、空调等的投诉"店里很热""照明灯

底下很热"   81

　　案例 49　在店里吃冰激凌的顾客"为什么不能在这里吃
冰激凌?"   95

　　案例 71　有关背景音乐的投诉"不喜欢店里的背景音乐"

125

（2）**系统**

　　案例 4　有关人事调动的投诉"应该做好工作的交接"

36

　　案例 5　有关营业时间的投诉"为什么早上 8 点 30 分的
时候，不销售传单上的商品?"   38

　　案例 23　有关传单的投诉"这么小的字，根本看不清"

61

　　案例 50　关于售货员人数的投诉"相对于顾客的数量，
售货员的人数太少了"   96

　　案例 51　关于包装的投诉"为什么帮前面的顾客装袋，
却不帮我装?"   98

　　案例 54　有关商品脱销的投诉"看了传单才来买的，结
果却售完了"   102

　　案例 66　对临近打烊时商品缺货的投诉"一人份包装的
商品已经没有了?"   118

　　案例 73　对打烊时间的投诉"下班以后想要顺路去店
里，你们打烊太早了"   128

　　案例 74　在开店前排队的顾客的投诉"开店前在店外排

队太冷了" 129

案例76 对商品降价时机的不满 "之前的这个时间已经
开始降价了" 133

案例80 关于商品脱销的投诉 "我听电视上说这个商品
对流感有效，已经卖光了？" 138

案例81 对信用卡手续方面的投诉 "输错了信息，还需
要用卡？这是你们的错吧" 139

案例88 关于积分卡的投诉 "每天的折扣都不一样，我
搞不明白。不能用现金付款吗？" 156

案例90 关于个人信息的投诉 "会员卡我已经解约了，
但还是有DM寄来" 158

案例92 对大雪造成的商品运送延迟的投诉 "这是我每
天都要购买的商品，如果没有的话我很为难" 161

案例97 因被推车撞到而产生的投诉 "我被推车撞到，
腿受伤了" 171

案例98 有关防灾情况的投诉 "我询问店员店里的防灾
情况，她答不上来" 172

案例99 有关支付消费税的投诉 "其他地方没有征收
8%的消费税啊" 174

案例100 有关消费税增值的投诉 "你们不搞消费税返
还的促销活动吗？" 176

案例101 有关税额标识的投诉 "分不清是税后还是
税前" 177

（3）配送

案例20　母亲节的礼物，夜里9点才送达"已经入睡的母亲被送货员吵醒" 57

案例41　关于配送的投诉"对方还没有联系我，礼品送到没有啊？" 85

案例43　有关产地直送的商品的投诉"商品总也不见送达，送货单你们有没有发出去啊？" 88

案例64　对送货上门服务的投诉"送货上门的鸡蛋破了" 115

案例65　与其他公司的服务相比较而产生的投诉"别的公司的送货上门服务还包括帮顾客装箱，你们呢？" 117

案例70　对不能一同寄送的投诉"寄给祖父母的商品里面，不能同时放入孙子的照片？" 124

（4）运营

案例18　有关儿童节活动的投诉"孩子排队参加活动，因为没有轮到而大哭" 54

案例44　被怀疑偷窃的顾客的投诉"保安跟踪我" 89

案例46　对兼职人员的不当行为的投诉"将躺卧在食材上的照片传到了网上" 91

案例48　关于分店的投诉"前几天我去了你们的○○店，那里的服务很差" 94

案例68　打不通厂商电话的投诉"给刊登了致歉报道的厂商打电话，却打不通" 121

案例 82　遭遇了顺手牵羊的顾客的投诉"你们店的安保太差了，我的东西被人顺手牵羊拿走了"　140

4 由于顾客与店方之间的"鸿沟"而导致的投诉

（1）商品印象

案例 53　有关实物与照片不符的投诉"和传单上的照片的差距很大"　101

案例 56　商品掉落在收银台上"掉下来的商品，你就这么放入购物篮中?"　105

案例 63　关于商品的口感的投诉"价格贵却不好吃"　114

案例 72　有关便当米饭的投诉"我昨天购买的便当的米饭很硬，没法吃"　127

案例 87　关于商品焦了的投诉"就没有不焦的商品吗?"　154

案例 102　有关商品分量的投诉"和以前相比，商品的量变少了"　178

案例 107　在其他顾客面前吵嚷的顾客"店里所有的商品我都吃过了，都很难吃"　188

（2）沟通

案例 6　有关筷子等资源节约方面的投诉"要询问是否需要筷子"　39

案例 7　对没有给小票的投诉"为什么不给小票?"　40

案例 8　对店员的服务的投诉"在广告商品脱销的应对

上，服务很差" 41

案例 10　对购物袋收费的投诉"购物袋要收费？什么时候开始的？" 44

案例 55　顾客长时间地发牢骚"前几天由于快递迟迟不来……" 103

案例 57　对拥挤不堪的收银处的投诉"收银处人多拥挤的时候，店员的引导不恰当" 106

案例 58　对店员在工作移交方面的投诉"我拜托给你，你就要负起责任去做" 107

案例 77　对电话应对的投诉"在电话里推诿，你们是怎么工作的？" 134

案例 78　有关订购商品的投诉"跟我订购的商品不一样"

135

案例 83　对店员说话声音大小的投诉"声音太小，我听不见" 141

案例 84　对店员说法不一的投诉"我问了其他店员，这不是有货的吗？" 143

案例 89　对通话保留的投诉"好几次让我通话保留，究竟要我等到什么时候？" 157

案例 108　喝醉了的顾客"你看不起人啊。跪下来道歉"

190

案例 109　应对骚扰店员的行为"她每天在做什么，我都知道"

191

后　记

　　于 2003 年 7 月 1 日施行的制造物责任法，规定了由产品缺陷导致有关人的生命、身体或者财产受到侵害时，其生产者等的损害赔偿责任。该法律实施至今已超过 10 年，在此期间发生了 O-157（大肠杆菌）感染、BSE（疯牛病）、食品的滥用（牛奶、豆馅儿、日式高级料理）的问题，之后又有牛肉造假，中国产的大米、蔬菜、水产品等的产地造假等问题被相继曝光，引起了消费者的不安。

　　尤其从 2013 年年底开始，食品问题在社会上引起了轰动，报纸上每天都登载商家的致歉广告。诸如著名宾馆的虾的造假标识、冷冻食品的农药混入事件等，由于经过烹饪的商品难以查清原材料，消费者对宾馆、超市、商场、食品制造商的信任产生了动摇。

　　正因为食品会直接进入消费者口中，直接威胁大家的健康和生命安全，所以顾客对食品尤为挑剔，有关食品类的投诉相较于其他零售业的投诉也就更为频繁。今后投诉也只会增加，不会减少吧。为了让顾客能够放心地购买商品，每一位员工不仅要具备相关的商品知识，还要具备冷静地、郑重地对待投诉的能力。

　　不能因为自己是兼职人员，遇到投诉就只会四处找上司。为了让在店里应对顾客的所有员工都能认真对待顾客的投诉，我们要事先进行练习。特别应针对每个季节多发的投诉，在日常的 OJT 中引入 role-playing（角色扮演），以锻炼员工的临场判断能力和处理能力。

"服务的细节" 系列

《卖得好的陈列》：日本"卖场设计
第一人"永岛幸夫
定价：26.00元

《为何顾客会在店里生气》：家电卖
场销售人员必读
定价：26.00元

《完全餐饮店》：一本旨在长期适用
的餐饮店经营实务书
定价：32.00元

《完全商品陈列115例》：畅销的陈
列就是将消费心理可视化
定价：30.00元

《让顾客爱上店铺1——东急手创
馆》：零售业的非一般热销秘诀
定价：29.00元

《如何让顾客的不满产生利润》：重
印25次之多的服务学经典著作
定价：29.00元

《新川服务圣经——餐饮店员工必学
的52条待客之道》：日本"服务之
神"新川义弘亲授服务论
定价：23.00元

《让顾客爱上店铺2——三宅一生》：
日本最著名奢侈品品牌、时尚设计与
商业活动完美平衡的典范
定价：28.00元

《摸过顾客的脚才能卖对鞋》：你所不知道的服务技巧，鞋子卖场销售的第一本书

定价：22.00 元

《繁荣店的问卷调查术》：成就服务业旺铺的问卷调查术

定价：26.00 元

《菜鸟餐饮店30天繁荣记》：帮助无数经营不善的店铺起死回生的日本餐饮第一顾问

定价：28.00 元

《最勾引顾客的招牌》：成功的招牌是最好的营销，好招牌分分钟替你召顾客！

定价：36.00 元

《会切西红柿，就能做餐饮》：没有比餐饮更好做的卖卖！ 饭店经营的"用户体验学"。

定价：28.00 元

《制造型零售业——7-ELEVEn 的服务升级》：看日本人如何将美国人经营破产的便利店打造为全球连锁便利店 NO.1！

定价：38.00 元

《店铺防盗》：7大步骤消灭外盗，11种方法杜绝内盗，最强大店铺防盗书！
定价：28.00元

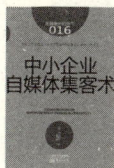

《中小企业自媒体集客术》：教你玩转拉动型销售的7大自媒体集客工具，让顾客主动找上门！
定价：36.00元

《敢挑选顾客的店铺才能赚钱》：日本店铺招牌设计第一人亲授打造各行业旺铺的真实成功案例
定价：32.00元

《餐饮店投诉应对术》：日本23家顶级餐饮集团投诉应对标准手册，迄今为止最全面最权威最专业的餐饮业投诉应对书。
定价：28.00元

《大数据时代的社区小店》：大数据的小店实践先驱者、海尔电器的日本教练传授小店经营的数据之道
定价：28.00元

《线下体验店》：日本"体验式销售法"第一人教你如何赋予O2O最完美的着地！
定价：32.00元

《医患纠纷解决术》：日本医疗服务第一指导书，医院管理层、医疗一线人员必读书！ 医护专业入职必备！
定价：38.00 元

《迪士尼店长心法》：让迪士尼主题乐园里的餐饮店、零售店、酒店的服务成为公认第一的，不是硬件设施，而是店长的思维方式。
定价：28.00 元

《女装经营圣经》：上市一周就登上日本亚马逊畅销榜的女装成功经营学，中文版本终于面世！
定价：36.00 元

《医师接诊艺术》：2 秒速读患者表情，快速建立新赖关系！ 日本国宝级医生日野原重明先生重磅推荐！
定价：36.00 元

《超人气餐饮店促销大全》：图解型最完全实战型促销书，200 个历经检验的餐饮店促销成功案例，全方位深挖能让顾客进店的每一个突破点！
定价：46.80 元

《服务的初心》：服务的对象十人百样，服务的方式千变万化，唯有，初心不改！
定价：39.80 元

《最强导购成交术》：解决导购员最头疼的55个问题，快速提升成交率！
定价：36.00元

《帝国酒店——恰到好处的服务》：日本第一国宾馆的5秒钟魅力神话，据说每一位客人都想再来一次！
定价：33.00元

《餐饮店长如何带队伍》：解决餐饮店长头疼的问题——员工力！让团队帮你去赚钱！
定价：36.00元

《漫画餐饮店经营》：老板、店长、厨师必须直面的25个营业额下降、顾客流失的场景
定价：36.00元

《店铺服务体验师报告》：揭发你习以为常的待客漏洞　深挖你见怪不怪的服务死角　50个客户极致体验法则
定价：38.00元

《餐饮店超低风险运营策略》：致餐饮业有志创业者＆计划扩大规模的经营者＆与低迷经营苦战的管理者的最强支援书
定价：42.00元

《零售现场力》：全世界销售额第一名的三越伊势丹董事长经营思想之集大成，不仅仅是零售业，对整个服务业来说，现场力都是第一要素。
定价：38.00 元

《别人家的店为什么卖得好》：畅销商品、人气旺铺的销售秘密到底在哪里？到底应该怎么学？人人都能玩得转的超简明 MBA
定价：38.00 元

《顶级销售员做单训练》：世界超级销售员亲述做单心得，亲手培养出数千名优秀销售员！日文原版自出版后每月加印 3 次，销售人员做单必备。
定价：38.00 元

《店长手绘 POP 引流术》：专治"顾客门前走，就是不进门"，让你顾客盈门、营业额不断上涨的 POP 引流术！
定价：39.80 元

《不懂大数据，怎么做餐饮？》：餐饮店倒闭的最大原因就是"讨厌数据的糊涂账"经营模式。
定价：38.00 元

《零售店长就该这么干》：电商时代的实体店长自我变革。
定价：38.00 元

《生鲜超市工作手册蔬果篇》：海量图解日本生鲜超市先进管理技能
定价：38.00元

《生鲜超市工作手册肉禽篇》：海量图解日本生鲜超市先进管理技能
定价：38.00元

《生鲜超市工作手册水产篇》：海量图解日本生鲜超市先进管理技能
定价：38.00元

《生鲜超市工作手册日配篇》：海量图解日本生鲜超市先进管理技能
定价：38.00元

《生鲜超市工作手册副食调料篇》：海量图解日本生鲜超市先进管理技能
定价：48.00元

《生鲜超市工作手册POP篇》：海量图解日本生鲜超市先进管理技能
定价：38.00元

《日本新干线7分钟清扫奇迹》：我们的商品不是清扫，而是"旅途的回忆"
定价：39.80元

《像顾客一样思考》：不懂你，又怎样搞定你？
定价：38.00元

《好服务是设计出来的》：设计，是
对服务的思考
定价：38.00元

《让头回客成为回头客》：回头客才
是企业持续盈利的基石
定价：38.00元

《餐饮连锁这样做》：日本餐饮连锁
店经营指导第一人
定价：39.00元

《养老院长的12堂管理辅导课》：
90%的养老院长管理烦恼在这里都能
找到答案
定价：39.80元

《大数据时代的医疗革命》：不放过
每一个数据，不轻视每一个偶然
定价：38.00元

《如何战胜竞争店》：在众多同类型
店铺中脱颖而出
定价：38.00元

《这样打造一流卖场》：能让顾客快
乐购物的才是一流卖场
定价：38.00元

《店长促销烦恼急救箱》：经营者、
店长、店员都必读的"经营学问书"
定价：38.00元

《餐饮店爆品打造与集客法则》：迅速提高营业额的"五感菜品"与"集客步骤"
定价：58.00元

《赚钱美发店的经营学问》：一本书全方位掌握一流美发店经营知识
定价：52.00元

《新零售全渠道战略》：让顾客认识到"这家店真好，可以随时随地下单、取货"
定价：48.00元

《良医有道：成为好医生的100个指路牌》：做医生，走经由"救治和帮助别人而使自己圆满"的道路
定价：58.00元

《口腔诊所经营88法则》：引领数百家口腔诊所走向成功的日本口腔经营之神的策略
定价：45.00元

《来自2万名店长的餐饮投诉应对术》：如何搞定世界上最挑剔的顾客
定价：48.00元

《超市经营数据分析、管理指南》：来自日本的超市精细化管理实操读本
定价：60.00元

《超市管理者现场工作指南》：来自日本的超市精细化管理实操读本
定价：60.00元

《超市投诉现场应对指南》： 来自日
本的超市精细化管理实操读本
定价： 60.00 元

更多本系列精品图书，敬请期待！